INTRODUCTION TO
WRITING OF
PSYCHOLOGY
ARTICLES

ステップアップ
心理学シリーズ

心理学レポート・論文の書き方

演習課題から卒論まで

YOSHIHIRO ITAGUCHI　　KENTARO YAMAMOTO
板口典弘　　山本健太郎　［著］

講談社

はじめに

レポートと論文

　心理学を学ぶうえで，レポートや論文を執筆することは避けて通れません。ただし一般的に，レポートと論文という言葉は曖昧に使われているようです。まず，レポート（報告書）とは，本来は調査したり実験したりした結果・事実をわかりやすく報告する文書をさします。一方で，論文とは，なんらかの主張を論理的にアピールする文書です。論理的であるとは，主張が客観的な根拠に支えられているということです。心理学演習においては，実験に関するレポートを提出する必要があります。ただし，レポートという名前ではありますが，報告書ではなく，じつは心理学論文を執筆することが求められています。つまり，心理学演習で作成するレポートは，客観的な実験データにもとづいて，なんらかの主張をおこなう必要があるのです。

　このような用語の混乱は，大学で提出するその他多くのレポートにも当てはまると思います。すなわち，レポートというネーミングがされているにもかかわらず，実際には論文を書くことが求められているケースです。読者の皆さんは，大学の最終年度に卒業論文を書く方もいると思います。この場合は，卒業レポートとはよばれず，卒業論文とよばれるため，それまでとは異なるものを求められているように感じます。しかしながら実際には，レポートという名の論文を，それまでにもたくさん書くように求められているのです。そのため本来ならば，卒業論文を書くまでには論文の書き方をしっかりとマスターしているはずなのです。

　しかしながら残念なことに，現在の教育制度において，論文の書き方を教えてくれる授業は多くありません。心理学演習の授業においては，論文の書き方について解説されることも多いと思いますが，実験結果の解析や解説と一緒にされてしまうことが多いため，時間の割き方としてそれだけでは不十分でしょう。このような事情から，学術論文の書き方を丁寧に解説することを目的として本書を執筆しました。また，先ほどから述べている理由から，本書では，レポートとして提出されたものを示す場合以外は，心理学演習のレポートを心理学論文とよびます。

本書の構成と特徴

　本書は，おもに心理学演習の授業で提出する論文を対象として，論文の執筆方法を解説しています。ステップ1では，心理学論文の**形式**を中心に解説します。論文の形式には厳格な決まりがあり，自由に書いてよいものではありません。論文を書くことに慣れていないみなさんには，厳しすぎると思われるかもしれませんが，フォントが指定されたものと異なるだけ，体言止めをしただけ，インデント（字下げ）をしなかっただけでも，論文としては"アウト"です。また，書く内容や表現のしかたも厳密に定められた決まりがあります。ステップ1ではそれらの形式を学ぶことにより，皆さんの作成する文書を，「論文」の形として完成されたものにします。形式をしっかりと守って書くことは，ひいては内容の向上にもつながります。

　ステップ2とステップ3は，**論文の質**を向上させるための発展編です。ステップ2は実践的であり，ステップ3はどちらかというと理論的です。ステップ2では，形式を整えた論文の内容をさらによいものにするため，**問題提起や考察のしかた**など，論文の問いや主張を表現する際の具体的な書き方を示しながら解説をおこないます。論文の構成に沿って解説しますので，実際の論文と照らし合わせながら参照するのに適しています。これらの解説は演習レポートに限らず，卒業論文を執筆する際にも参考になるでしょう。

　ステップ3では，**文章を論理的に書く技術や心理学実験の基礎**の部分について詳しく解説します。文章を書くという作業や，論理的に考えるという作業は，非常に多くのスキルを必要とします。そのため，基礎を理解し，トレーニングをしなくては，うまく書けるようにはなりません。心理学実験の基礎は，実験研究をおこなうための知識であると同時に，論理的な考え方を鍛える格好の材料です。

　このように，本書ではまずステップ1で論理的な文章を支える形式を身につけてから，ステップ2で説得力のある文章の書き方を知り，ステップ3で論文の質を向上させるためのさまざまなテクニックを学びます。このようなステップアップ方式で獲得した**論理的に物事を考え執筆する力**は，心理学に限らずどんな学問分野・社会場面にでも応用できる強い味方となるでしょう。

本書の対象

　本書は，おもに大学で心理学を専攻する学生（心理学の実験演習を履修する学生）を対象としています。しかし，それ以外にもとくに読者として想定している人たちがいます。それは，心理学関係の実験演習を教える先生方です。学生がいくらしっかりと勉強し，きちんとした論文を執筆しても，教える側，あるいは採点する側の先生と基準を共有していない場合には，不幸な結果が待っているでしょう。

　心理学論文の形式については，じつは専門分野によってかなりバラつきがあり，先生の専門分野によって当然，意識する点や教え方が異なります。このようなバラつきが，学生に多くの混乱をもたらしてしまっているのが現状です。さらに，パラグラフ・ライティングに代表される論理的な文章の書き方は，日本の教育においてほぼ無視されている状況にあり，教員の先生方においてもなお，難しい内容となっています。本書は，このような問題に対してある程度の基準を与え，学生たちが効率よく知の基盤を築くことを助けるでしょう。私たちは，本書を通じて，日本の心理学がもっともっと発展していくことを心から願っています。

　本書を執筆するにあたって，多くの方々にご協力をいただきました。論文作成時に注意するべき点などの作成にあたっては，早稲田大学，大正大学における心理学実験演習の授業を参考にしました。また，心理学演習を履修している学生の意見として，早稲田大学心理学コースのみなさま，とくに大阪谷未久さん，岡本真結さんには多くの実用的なご提案をいただきました。さらに，山本裕香さん，山田千晴さんには講師側の視点からたいへん有益なコメントをいただきました。最後に，本書の編集者である株式会社講談社サイエンティフィクの小笠原弘高氏には，構成から内容に至るまで多大なご尽力をいただきました。心よりお礼申し上げます。

2017年4月

板口典弘・山本健太郎

心理学論文の書き方　演習レポートから卒論まで

はじめに ii

ステップ 1

とりあえずカタチにしよう

- 1.1 論文は型が大事 2
- 1.2 書式 3
  - 1.2.1 ページの形式 4
  - 1.2.2 文字の形式 4
  - 1.2.3 見出しと改行 6
  - 1.2.4 文章の形式 7
  - コラム　日本心理学会「投稿・執筆の手びき」 ... 9
- 1.3 レイアウト 10
- 1.4 表紙とタイトル 14
- 1.5 問題 17
- 1.6 方法 21
  - 1.6.1 方法で記載すること 22
  - 1.6.2 実験参加者 23
  - 1.6.3 実験状況 24
  - 1.6.4 刺激・装置 24
  - 1.6.5 手続き 27
  - 1.6.6 データ解析（データ処理） 28

- 1.6.7 倫理指針 ………………………………………………… 29
  - コラム　質問紙を用いた際の方法の書き方 ……………… 34
- 1.7 結果 …………………………………………………………… 35
  - 1.7.1 結果の記述方法 …………………………………………… 35
  - 1.7.2 図表に共通のルール …………………………………… 38
  - 1.7.3 図の書き方 ………………………………………………… 39
  - 1.7.4 表の書き方 ………………………………………………… 42
- 1.8 考察 …………………………………………………………… 45
  - 1.8.1 考察で記載すること …………………………………… 45
  - 1.8.2 研究の目的とまとめ …………………………………… 47
  - 1.8.3 仮説の検証 ………………………………………………… 48
  - 1.8.4 先行研究との比較・結果からの示唆 ………………… 50
  - 1.8.5 実験の問題点・研究の限界点 ………………………… 50
  - 1.8.6 結論 ………………………………………………………… 52
- 1.9 引用文献 ……………………………………………………… 57
  - 1.9.1 文中で引用をおこなう ………………………………… 57
  - 1.9.2 文献リストを作成する ………………………………… 58
  - コラム　引用と剽窃 ………………………………………… 61

ステップ 2　内容を改善しよう

63

- 2.1 先行研究を調べて紹介しよう ……………………………… 65
  - 2.1.1 一般的な話から細かい話へ …………………………… 65
  - 2.1.2 先行研究の調べ方 ……………………………………… 67
  - 2.1.3 先行研究の紹介のしかた ……………………………… 70
  - 2.1.4 特殊な文献引用方法 …………………………………… 71
  - コラム　先行研究の効率的な探し方 ……………………… 73

- **2.2 先行研究の問題点を指摘し，検証方法を示そう** ……… 76
  - 2.2.1 問題の設定のしかた ……… 76
  - 2.2.2 批判と非難は違う ……… 78
  - 2.2.3 検証のしかたに触れる ……… 80
- **2.3 目的をどうやって達成したのかを説明しよう** ……… 81
  - 2.3.1 刺激の選定基準を説明する ……… 82
  - 2.3.2 意識や態度を調べる ……… 83
  - 2.3.3 手続き上の工夫を示す ……… 84
- **2.4 検定結果をわかりやすく記述しよう** ……… 86
  - 2.4.1 結果をまとめる ……… 86
  - 2.4.2 集約したデータを記載する ……… 88
  - 2.4.3 検定結果を記述する（t検定・分散分析） ……… 88
  - 2.4.4 そのほかの解析例（カイ二乗検定・相関分析） ……… 89
  - コラム　統計結果の表記のしかた（結果編） ……… 90
- **2.5 目的に対する答えを提示しよう** ……… 92
  - 2.5.1 研究の位置づけをおこなう ……… 92
  - 2.5.2 考察を深める ……… 95
  - 2.5.3 研究の問題点・限界点 ……… 100
  - コラム　統計結果の表記のしかた（考察編） ……… 103

ステップ 3

よい論文を書こう

105

- **3.1 論証とパラグラフ・ライティング** ……… 106
  - 3.1.1 前提だけ，主張だけは× ……… 107
  - 3.1.2 前提と主張の違い ……… 107
  - 3.1.3 パラグラフ・ライティング ……… 111
  - 3.1.4 論証とパラグラフの具体例 ……… 112

3.2 論理的な文章の書き方 ... 117
3.2.1 一文一義 ... 117
3.2.2 文と文の関係を意識する ... 118
3.2.3 単語を重複させる ... 119
コラム 言葉の使い方，補足 ... 122

3.3 仮定と仮説と予測 ... 124
3.3.1 観察語と理論語 ... 125
3.3.2 予測 ... 126
3.3.3 仮説 ... 127
3.3.4 仮説と予測の関係 ... 128
3.3.5 仮定 ... 129

3.4 独立変数と従属変数 ... 131
3.4.1 独立変数 ... 131
3.4.2 従属変数 ... 132

3.5 アブストラクト・サマリー ... 134
3.5.1 アブストラクト＝焦点化 ... 134
3.5.2 サマリー＝圧縮 ... 135
コラム ヒト・動物を対象とする研究の倫理 ... 137

3.6 実験統制方法1：ばらつきを排除する方法 ... 138
3.6.1 試行回数を増やし，平均値を算出する ... 138
3.6.2 刺激・環境を統制する ... 139
3.6.3 呈示方法を統制する ... 142
3.6.4 統計的仮説検定をもちいる ... 143

3.7 実験統制方法2：精神物理学的測定法 ... 145
3.7.1 閾値と等価値 ... 146
3.7.2 3種類の測定方法 ... 147

索引 ... 150

ステップ1
とりあえずカタチにしよう

He who would learn to fly one day must
first learn to stand and walk and run and climb and dance;
one cannot fly into flying.
—— F.W. Nietzsche

ステップ1 とりあえずカタチにしよう

1.1 論文は型が大事

　ステップ1では，心理学演習のレポートを提出できる形にするために，心理学論文の基本となる"型"を学ぶことに重点をおきます。型に沿って書くということは，心理学論文作成における最低限の要件です。すなわち，型を満たしていない論文は，内容の評価にかかわらず，全体としての評価はとても低いものとなってしまいます。さらに，論文の内容の評価は基準が曖昧である一方で，形式の評価は正誤の基準が明確です。そのため，論文の型は，評価において差が明確に反映される項目でもあります。このような理由から，心理学演習のレポートでよい点数をとるためには，まずは心理学論文の"型"をきっちり押さえないといけないのです。

　これ以外にも，型を身につけるということは，心理学における論文の根幹を身につけるということにつながります。型は，論文が学術的にある水準に達するためのレールのようなものです。しっかり型どおりに書くことができれば，それだけで，ある程度しっかりとした論文になるのです。格闘技なども，まずは型を身につけるところから練習を始めることがあるでしょう。それと同様に，論文を作成するためには，まずは型どおりにさまざまな要素を記述することができるようになることが大切です。型を破るのは，基本をすべてマスターしてからにしましょう。

　心理学論文の型は大きく2つの要素に分けることができます。1つめは書式やレイアウトといった，体裁にかかわるルールであり，一見して間違っているのかどうかが明らかな要素です。2つめは文章の構成や展開に関する型で，こちらは中身を読んでみないと評価できない要素ですが，ある程度慣れた人が読めば，すぐに適切かどうかの判断が可能です。本章では，はじめに

書式とレイアウトについて解説をおこない，そのあとで各セクションにおける文章の構成について解説をおこないます。

図1-1 論文の型と内容

1.2 書式

　演習レポートは，基本的にパソコンの文書作成ソフト（おもにMicrosoft Word）を使用して作成することが一般的です。その理由として，加筆・修正などの手直しを手軽におこなえることのほかに，書式の統一が比較的容易におこなえるという点が挙げられます。

　本書では，日本心理学会が発行している「執筆・投稿の手びき（2015年改訂版[1]）」を参考にして，心理学論文の書式の一例を示します。細かい書式は提出先によって異なる場合があるので，必ず事前に確認をし，指定された書式に従って変更してください。

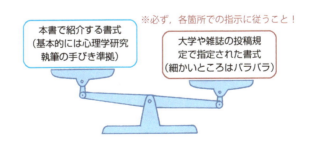

図1-2 そのつど指定された書式を優先する

1　現在は2022年版が最新となっています。2015年版からの変更点については，p.9のコラム「日本心理学会「執筆・投稿の手びき」」を参照してください。

1.2.1　ページの形式

　ページの形式とは，ページ全体をどのように使って文章を書いていくのかについての設定のことです。心理学論文では，おもに以下のようなページの形式に従うことが求められます。

> A. 用紙サイズはA4（縦向き）とし，横書きで作成する。
> B. 各行の文字数は40文字，1ページの行数は36行に設定する。
> C. ページの下部中央に通しのページ番号をつける。
> D. 表紙にはページ番号を振らず，本文が始まる2枚目からページ番号「1」が始まるようにする。

　Microsoft以外のフリーのワープロソフトや，Mac版のMicrosoft Wordを使用して作成した際は，1ページ当たりの行数や文字数の初期設定（デフォルト）の値が異なる場合があります。そのため，とくにページの形式については注意が必要となります。

1.2.2　文字の形式

　文字の形式は，フォントの種類や大きさなどの書式設定のことで，どのワープロソフトを使用しても，比較的設定しやすい要素です。ただし，箇所によっては細かく書式を変えないといけないため，調整し忘れがないように気をつける必要があります。心理学論文で一般的に用いられる文字の形式は以下のとおりです。

> A. 日本語は全角で入力し，フォントは見出しにゴシック，本文には明朝を用いる。
> B. 英数字はすべて半角で入力し，フォントはTimes New Romanを用いる。
> C. フォントサイズはすべて10.5ptとする。
> D. 統計記号（M, SD, t, F, p, $n.s.$など）はすべてイタリックを用いる。

表1-1 Microsoft Word（Windows）の設定項目一覧

「要設定」となっている箇所は設定をそのつど変更する必要があります。「デフォルトでOK」となっている箇所は，WindowsのMicrosoft Wordを使っている場合には，設定を変更せず，そのままにしておきましょう。

	心理学論文の書式	Microsoft Word (Windows)	設定参照箇所
用紙サイズ	A4	デフォルトでOK	ページ設定
余白	標準	デフォルトでOK	ページ設定
行数	36行※1	デフォルトでOK	ページ設定
ページ番号	フッター中央	要設定	ページレイアウト，文書パーツ
表紙ページ番号	なし	要設定	ページレイアウト，文書パーツ
日本語本文フォント	明朝	デフォルトでOK	フォント
日本語見出しフォント	ゴシック	必要箇所要設定	フォント
英語本文フォント	Times New Roman	要設定	フォント
フォントサイズ	10.5pt	デフォルトでOK	フォント
統計記号	イタリック	必要箇所要設定	フォント
句読点	, 。	必要箇所要設定	フォント ※2

※1『心理学研究』へ投稿する際は25文字×32行を指定する必要があるが，レポートにはデフォルトを用いるほうが無難。
※2 恒常的に変化させるためには，キーボード入力設定（Microsoft Office IME）を変更する。

E. 句読点には全角カンマ「,」および丸「。」を用いる。

　Mac版Microsoft Wordはデフォルトのフォントサイズ等が異なる場合があるので，最初に設定を確認することをおすすめします。
　フォントの種類によっては，ディスプレイ上ではゴシックと明朝の違いがあまり明瞭ではありません。印刷してはじめてかなり異なるフォントであることがわかります。そのため，印刷したあとにはフォントの指定に間違いがないかを必ず確認しましょう。印刷する前に仕上がりを確認したいときは，いったん「PDFとして保存」したあとにそのファイルを確認することで，紙に印刷した際と同様の結果を見ることができます。
　句読点に関して，Windowsでは「Microsoft IMEのプロパティ」の「句読

点」を「、。」から「，。」に変更することで，変換ボタンを押さずに「，」を入力することができます。このようにすることで，「、」の変換忘れを防ぐことができます。

　ほかの文書から**テキストのコピー＆ペースト**をおこなうと書式が崩れることがあります。もしコピー元の文章が自身の作成したものであっても，再度文章を入力するほうがよいでしょう。また，他者の文章をコピー＆ペーストしてそのまま用いることはしないでください。引用の場合は，必ず出典を示す必要があります。引用情報を明示していない状態での他者の文章の転載は**剽窃**とよばれ，処罰される恐れがあります。どのような理由があったとしても，剽窃は絶対におこなってはいけません。

▶ 1.2.3　見出しと改行

　心理学論文は通常複数のセクションで構成されており，見出し（ヘッダー）によって区切られます。またセクション内で長く続く文章を読みやすくするために，改行が用いられます。見出しも改行も，内容のまとまりごとに文章を区切る役割をもつという意味では同様ですが，まとまりの種類は大きく異なります。見出しや改行を用いる際には，以下の点に気をつける必要があります。

> A. 大見出し（「問題」，「方法」など）は中央揃えにし，必要に応じて上下に1行分のスペースを空ける。
> B. 中見出し（「実験参加者」など）は上に1行分のスペースを空けて左揃えにし，本文は次の行から始める。
> C. 小見出しは行を空けずに左揃えにし，続く本文は改行せずに1文字空けてから始める。
> D. パラグラフ[2]ごとに改行をおこない，各パラグラフの先頭の文字は左端から全角1文字分のスペースを空けてインデント（字下げ）する。
> E. 図表は中央揃えにし，上下には1行分のスペースを空ける。

　見出しは，そのセクションの内容を示す役割をもち，セクションの構造に

---

[2] 段落は形式的なまとまりをさしますが，いっぽうでパラグラフは，形式に加えて意味的なまとまりも含みます。

よって，用いられる種類や使い方が異なっています。図1-3に見出しの書き方の例を示しているので，参考にしてください。

　改行はパラグラフの単位を基準としておこないます。パラグラフは日本語における段落と似たような意味をもつ言葉ですが，厳密には異なります。心理学論文は段落ではなくパラグラフという単位で記述される必要があります。パラグラフについてはステップ3の3.1で詳しく解説します。

　インデントは，「字下げ」という意味です。本書においても，通常の段落の先頭で一字分の空白を空けられています。インデントは，段落やパラグラフの始まりを示すものであり，心理学論文においても必ずおこなわないといけません。

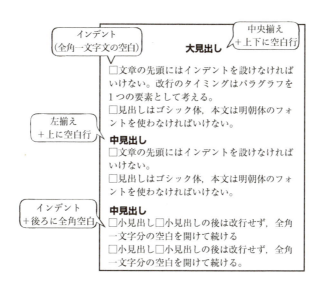

図1-3 見出し

1.2.4　文章の形式

　学生の読者の皆さんは，学術的な文章を書くことにはまだまだ不慣れであると思います。学術的な文章は，**正確さとわかりやすさをもっとも重視します。**そのため，簡潔で曖昧さの少ない言い回しを用いなくてはいけません。つまり，一般書や小説の言葉づかいとはまったく異なるものだと考えてくだ

さい。心理学論文では，一般的に以下のような書き方に従う必要があります。

> A. 文章はすべて，「です・ます」調ではなく「である」調で統一する。
> B. 主語と述語を備えた簡潔な日本語を用いて記述する。
> C. 体言止めや箇条書きを使用しない。
>   例 ×「計20名が実験に参加。」→○「計20名が実験に参加した。」
> D. 口語体（話し言葉の形式）ではなく文語体（書き言葉の形式）を用いる。
>   例 ×「思ったとおりの効果が出た」→○「予測と一致する効果が示された」
> E. 執筆時点ですでに終わっていることはすべて過去形で記述する。
>   例 ×「本研究の目的は〜である。」→○「本研究の目的は〜であった。」[3]

ステップ1では心理学論文における最低限の形式のみ紹介しています。具体的な文章を構成する方法はステップ2や3で述べます。最低限とはいっても，慣れない段階では想像以上に難しい作業です。決して侮らずにとり組みましょう。

---

[3] 目的の記述では，「本研究の目的は〜である。」と現在形になっている論文も多く存在しますが，過去に完了した出来事は過去形で書くという執筆上のルールにのっとれば，「本研究の目的は〜であった。」と，過去形で書くほうが望ましいでしょう。

コラム

日本心理学会「執筆・投稿の手びき」

　日本において，心理学系論文を執筆する際のフォーマットの基準となっているのが，日本心理学会が出版している雑誌『心理学研究』における論文スタイルです。ちなみに，英語論文においては，アメリカ心理学会（APA）が示しているスタイルがあります。「執筆・投稿の手びき」は，APAのスタイルにもとづいて，日本語に関する要項を追加してあります。この手びきは，日本心理学会のホームページから無料でダウンロードすることができます（http://www.psych.or.jp/manual/：本書執筆時点では2015年9月10日版が最新）。注意しないといけない点は，このようなフォーマットは時代によって改訂されるということです。古い論文は古いフォーマットに則って執筆されています。そのため，少なくともフォーマットに関しては新しい論文を参考にするほうがよいでしょう。

　大学における心理学演習のレポートも日本心理学会「執筆・投稿の手びき」に則ったフォーマットを採用していることが多く，本書もこの手びきにもとづいています。ただし，論文の執筆に慣れていない学生が厳密にこの基準に従うことは難しいため，必要に応じて大学がルールを修正しているのが実状です。また，日本心理学会の手びきは，雑誌に論文を投稿するときのフォーマットであるため，掲載されている論文のフォーマットとは少し異なります。そのため，論文の見栄えとしては少しよくない面も存在します。このあたりも，各大学にて独自ルールが生じる1つの原因となっています。

2023年4月追記
　2022年10月に「執筆・投稿の手びき」2022年版が公開されました。2015年版からの主な変更点は以下の通りです。

変更内容	2015年版（旧）	2022年版（新）
図のタイトルの位置	図の下に示す。	図の上に示す。
文中引用の際の表記	著者が3〜5名の共著の場合，初出の際には全著者名を書く。2度目以後は，第一著者名以外は「他」，"et al." と略記する。	著者が3名以上の共著の場合，初出の際から第一著者名以外は「他」，"et al." と略記する。
統計結果の表記	p 値が .001 より小さい場合は $p <$ .001，.001 より大きく .01 より小さい場合は $p < .01$，.01 より大きく .05 より小さい場合は $p < .05$ と記述する。	p 値は正確な値を小数点以下2桁あるいは3桁で記述し，.001 より小さい場合は $p < .001$ と記述する。

1.3 レイアウト

　心理学論文のレイアウトは，あらかじめ形式が決まっています。とくに論文の本体となる部分は，問題（目的，序論，はじめに），方法，結果，考察，引用文献の5つのセクションから構成されます。これに加えて，論文のタイトルや作成者の情報等を記した表紙をつける必要があります（次ページの模式図参照）。また，本書では省略していますが，通常の心理学論文では，要旨（アブストラクト）を本文の冒頭に提示するのが一般的です。その他にも，実験・調査の資料を付録としてつける場合があります。

　このようなセクションの違いを示すために，見出しが用いられます。たとえば，各セクションの始めにはそれぞれ大見出しをつけ，文章を区切ります。また，方法のセクションはさらに細かいサブセクションに分かれます。このようなサブセクションには中見出しをつけて区切ります（方法セクションの詳しい構成は1.5参照）。これらのレイアウトは，必要最低限かつ十分でなくてはいけません。不要なセクションの追加や必要なセクションの抜けなどがないように注意しましょう。

　また，演習レポートではあまり多くはないと思われますが，研究内容によっては1つの論文において複数の実験を報告することがあります。その際は，セクションの構成を変える必要があります。たとえば実験が2つある場合は，セクションを「問題，実験1，実験2，総合考察，引用文献」と分け，各実験セクション内で「方法，結果，考察」をサブセクションとして記載するのが一般的です。項目がさらに細分化される場合には，さらに小見出しを用いて下位項目を区切ります。また，実験が1つしかない場合でも，必要であれば小見出しを使用することがあります。

1.3 レイアウト

レイアウトの模式図

実験が1つである場合のレイアウトの例

（左ページ）タイトル／授業名／所属／氏名／提出日

（中ページ）問題／方法：実験参加者、刺激、手続き

（右ページ）結果／考察／引用文献

実験が複数ある場合のレイアウトの例（タイトルページは省略）

（左ページ）問題／実験1／方法：実験参加者、刺激、手続き

（中ページ）結果と考察／実験2／方法：実験参加者

（右ページ）刺激／手続き／結果と考察／総合考察／引用文献

ステップ 1　とりあえずカタチにしよう

ステップ1　とりあえずカタチにしよう

書式・レイアウトのダメな例

問題 ①

本研究では，物体の回転角度がその物体の認知に与える影響を検討した。私たちは普通，ある物体をどんな角度から見ても，それが何であるかを認識することができる。しかし，…。したがって，本研究では独立変数として視点，従属変数として物体再認の正答率と反応時間を設定した ②

（略）

普段見慣れている角度から離れた視点になるほど，再認の正答率が下がり，反応時間が延長することを予測とする。

方法 ①

実験参加者

　　本実験には，20名の大学生（平均21.3±0.8歳）が参加した。全員が右利きであり，視力に問題はなかった。

刺激・装置

　1）ストップウォッチ ③
　2）LEGOブロック

（略）

結果 ①

　実験の結果，以下のことがわかった。まず，物体再認の正答率に関しては，条件Aは条件Bよりも高かった。次に，反応時間においては条件Aの方が条件Bよりも短いことがわかった。

（略）

参考文献 ④

Shepard, R and Metzler. J. (1971). Mental rotation of three dimensional objects. *Science, 171*(972), 701-703.

ここをなおそう！

ここでは，文章の内容には触れず，書式・レイアウトに関する間違いにのみ焦点を当てていきます。

❶ 大見出しのフォントの種類やサイズが全体的に一貫していません。見出しは，基本的にMSゴシックを用い，とくに指定がない場合はサイズを大きくする必要はありません。論文の**最初から最後まで，一貫した**フォントを用いましょう。

❷ このパラグラフでは，先頭の1文字分のインデントがありません。パラグラフの先頭は必ず全角1文字分のインデントを入れるようにしましょう。さらに，パラグラフの終わりが句点「。」で終わっていません。「問題」と「方法」のセクションの間に空白の改行もありません。「方法」における中見出しのレイアウトはあっていますが，「実験参加者」の項目ではパラグラフ全体が右にずれています。そのほうが読みやすいと感じる読者もいるかもしれませんが，このようなレイアウトは認められていません。**パラグラフの始めのみインデントを用い，あとは左揃えにする**のが心理学論文のルールです。

❸ 「刺激・装置」については，まず，本文までゴシック体になってしまっています。このようなミスは非常に多くみられます。**本文は必ず明朝体**になっていることを確認しましょう。とるに足らないミスかもしれませんが，立派な減点対象になります。また1）2）などと箇条書きが用いられています。番号を用いること自体は認められていますが，すべて文中で用いないといけません。箇条書きにすると見やすい場合もありますが，これも心理学論文のスタイルとして認められていません。さらに，この箇所は体言止めにもなっています。論文では主語と述語を用いて，きちんと句点で終わる「文章」を書きましょう。

❹ ここでは，「引用文献」と書くべきところを「参考文献」としてしまっています。心理学論文の場合には，基本的には参考文献は記載しません。すなわち，引用した文献のみを，ある決まった書式にのっとって記載します。引用の仕方については，1.9で詳しく解説します。

1.4 表紙とタイトル

　表紙には論文（レポート）のタイトルに加えて，作成者や提出先に関する情報を記載します。とくにレポートの場合は，授業科目名，担当教員名，作成者の所属（学部・学科），学籍番号，氏名，提出年月日といった詳細な情報を記載する必要があります。先生の名前を間違えずに記述することも大事です。また，本題からは外れますが，「教授」「講師」などは職名であって，敬称ではありません。そのため，もし担当の先生の名前を呼び捨てで記載することに抵抗がある場合は，名前の後ろに「先生[4]」をつけましょう。

　タイトルは論文の顔ともいえる重要な要素です。簡潔かつ具体的な内容がイメージできるものを選びましょう。よくある不適切な例として，授業やレジュメのタイトル（たとえば「ミュラーリヤー錯視」や「ストループ効果」）がそのまま用いられていることがあります。しかし，これらは課題や現象の名前であって，検証した内容を表していません。したがって，レポートのタイトルとしては相応しくありません。また，「ストループ効果から考える人の認知能力」といったタイトルは，口語（考える）が含まれており，さらに「認知能力」の指す内容もあいまいです。このように，具体的な検証内容がイメージできない論文のタイトルは避けるようにしましょう。

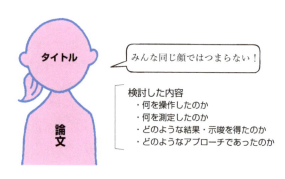

図1-4 論文タイトル

　では，どのようなタイトルをつければよいのでしょうか。一般的な考え方として，実験における独立変数（操作した変数）と従属変数（測定した変

---

[4] 「先生」は敬称です。これは，メールなどでのやりとりでも同様であるため，ぜひ覚えておいてください。

数）を含める方法があります[5]。たとえば，「缶の色がジュースの購買意欲に与える効果」などがそうです。この場合，缶の色が独立変数，購買意欲が従属変数になります。このように，何を操作したのか（見た目・回数・呈示方法など），何を測ったのか（知覚・記憶・行動・印象など）という情報を盛り込むことが一般的です。さらに，どのような結果や示唆を得たのか，**どのような問題意識を持ったのか**を追加することもあります。たとえば，「缶の色はジュースの購買意欲を変化させるのか」や，「赤色の缶はジュースの購買意欲を高める」などがその例です。

　インパクトが強いタイトルをつけることも，目を引くうえでは重要ですが，あまりいきすぎてしまうと，少し安っぽくもなります。このような場合，副題を用いてその安っぽさを解消することもできます。たとえば，「缶の色は赤がいい―ジュース缶の色が売れ行きに与える効果―」とすれば，主題のポップさを副題の堅実感によってサポートできます。つまり，主張は少しアクが強いけれどまともな検討をおこなっているんだな，と感じさせることができます。ほかにも，主題をあえて曖昧な関係として，広く興味を引くような主題にしておき，副題で補足する「視覚情報と購買行動―ジュース缶の色が売れ行きに与える効果―」といったタイトルも考えられます。

　世の中に出版されている論文のタイトルでは，堅実な主題のみを用いることが一般的です。ただし，主張の強い主題のみを用いるパターン，副題も併用するパターンも決して少ないわけではありません。後者の2つのほうがスタイリッシュでインパクトが強いタイトルがつけられるかもしれません。しかし，慣れないうちは，スタンダードなタイトルをつけるほうが無難です。しだいに，主張の強さや，タイトルの語感などを総合的に考えられるようになりますので，そのときには独創性を発揮してすばらしいタイトルをつけてください。とくに心理学演習のレポートでは，学生皆が同じテーマについて執筆するため，**タイトルは論文の内容を正しく反映していることに加えて，オリジナリティもときには重要な要素となります**。

5　独立変数と従属変数の意味については3-4で解説します。

ステップ1 とりあえずカタチにしよう

タイトルの例

1. 缶の色がジュースの購買意欲に与える効果
2. 缶の色は赤がいい―ジュース缶の色が売れ行きに与える効果―
3. 視覚情報と購買行動―ジュース缶の色が売れ行きに与える効果―

タイトルのダメな例

❶ 実験演習レポート
❷ 記憶
❸ 系列位置効果の検討

ここをなおそう!

❶, ❷, ❸ともにまず,独立変数と従属変数が不明です。つまり,何が何に与える影響を検討したのかがわかりません。とくに❶では,「実験演習」「レポート」という言葉が含まれています。演習のレポートは,科学論文としてのタイトルをつけることを期待されているので,実験演習やレポートという言葉を入れるのは避けましょう。

次に,❷は,記憶の検討をしたことはわかりますが,あまりに抽象的です。記憶というテーマのなかでどのような現象を検討したのか,**大事なことが伝わるタイトル**をつけましょう。

最後に❸です。このようなタイトルをつける学生は多いですが,これだけでは論文のタイトルとして不十分です。❷に比べれば使用している用語は具体的であるものの,系列位置効果を**どのように検討したのか**が不明です。課題や現象の名前(鏡映描写課題・ミュラーリヤー錯視など)をそのままタイトルにして終わるのではなく,それらを用いて何を検討したのかを明らかにすると,よりよいタイトルになるでしょう。

1.5　問題

　問題は，レポートの導入部分（イントロダクション）にあたります。名前のとおり，問題提起や，その問題提起に基づいた目的を記述するためのセクションです。さらに，その問題提起をするにいたった研究の背景および研究の概要（方法など）についても過不足なく解説することが求められます。大学や雑誌によっては，「問題」ではなく「目的」や「序論」，「はじめに」などとするところも多いかと思いますので，それぞれの提出先に合わせた見出しをつけてください。

　このように，問題のセクションは多くの話題をわかりやすく記述する場所です。まずはこれらの要素と順序を整理してみましょう。

> A. 目的・導入：研究の目的とあわせて実生活と研究内容（心理学的な現象・人間の行動）との関連を示し，読者の興味をひく。
> B. 先行研究：今回扱う内容について，今までにどのような研究・アプローチがあったのかを紹介する。
> C. 問題点：先行研究のいたらなかった点・問題点を指摘する。
> D. 解決方法：問題点を解決する方法を提示する。
> E. 研究の目的：研究の目的を具体的に書く。
> F. 研究仮説：研究の仮説をはっきり述べ，説明する。
> G. 実験方法：本研究で使用した実験手法について解説する。
> H. 独立変数と従属変数：その実験において操作した変数と，測定した変数を明らかにする。
> I. 予測：その実験をおこなったらどのような結果が出るか（予測）を記述する。

　問題のセクションでは，おおまかに分類して以上の9つの内容を述べる必要があります。もちろん，すべての研究にこの順番や内容が当てはまるわけではなく，研究内容にあわせて適宜調整する必要があります。

　ここでは，簡単なひな形として，以下のようなパラグラフ構成の例を示します。個々のパラグラフの内容を深める方法については，ステップ2で解説

ステップ1 とりあえずカタチにしよう

します。

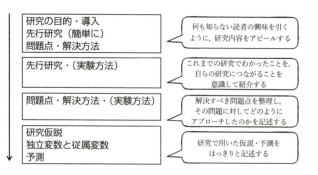

図1-5 問題のパラグラフ構成

　まず，第一パラグラフで，研究の目的を述べます。第一パラグラフを読んだだけで，この研究で何がおこなわれたかがだいたいすべて想像できるようにしましょう。導入部分では，研究の対象となる心理学的現象を簡単に説明します。その現象がすでに研究されているものであれば，先行研究を引用しましょう。ただし，まだ導入部分なので，先行研究の具体的な実験方法まで記述する必要はありません。問題点では，現在明らかになっていないこと[6]を記述します。最後に，この問題点に対して本研究ではどのようなアプローチをとったのか（解決方法・目的）を示して，パラグラフを終わります。

　二番めのパラグラフでは，先行研究について詳しく解説していきます。第一パラグラフで簡単に引用した研究についても，必要に応じてもう一度具体的に解説しなおします。パラグラフの書きだしは，「線分の長さに関する錯視については，その周辺に存在する視覚刺激の影響を受けるということが明らかになっている。まず，山田（1990）では…，」や「線分の長さに関する錯視についてはこれまでさまざまなアプローチがおこなわれている。山田（1990）は…，」などという文章で始めるのが書きやすいかもしれません。2つの対立する理論がある場合には，まずそのような対立があることを示したうえで，パラグラフを分けてそれぞれを紹介するほうがわかりやすいでし

6　実験演習レポートでは，明らかになっていないと想定されていることを記述します。

ょう。本研究と先行研究の実験方法が同じ場合には，先行研究を紹介する流れで実験方法の概要を記述しておくと，その後の読者の理解も容易になります。

三番めのパラグラフでは，先行研究の問題点を受けて，何が明らかになっておらず，本研究ではそのような問題点に対してどのようなアクションをとったのかを記述します。先行研究について述べるパラグラフにおいて，論文で用いる実験方法について解説できなかった場合には，このパラグラフで，どのような方法を用いたのかを解説しましょう。

最後のパラグラフでは，本研究で検討する仮説を提示します。そのうえで，実験における独立変数をどのように変化させたら，従属変数がどのように変化するかについての予測を示します。ちなみに，予測というのは，仮説よりも具体的な表現であり，結果の表現のレベルと一致します。仮説と予測の違いについては，3.3で解説します。

問題のダメな例

　本レポート（❶）では，学習心理学における両側性転移のメカニズムについて検証する（❷）。両側性転移とは，1844年にWeberが，右手で書くことを練習した子どもが左手でその鏡像文字をうまく書けることを見出だしたことに始まる。

（途中省略）

　本実験は，鏡映描写課題における両側性転移について調べることを目的とした。そのため，2つの仮説を立てた。
仮説1：学習されるのは両手に共通の一般原理である。
仮説2：学習されるのは一般原理と，練習肢に特有の原理である。

ここをなおそう！

❶まず，非常に重要な問題ですが，心理学論文は科学論文として執筆されることが求められています。そのため，演習レポートであっても，「実験演習」や「レポート」などの単語を文章中に含んではいけません。つまり，授業で教わったとおりに実験をおこなったとしても，自分自身でイチから研究を計画し

ステップ1 　とりあえずカタチにしよう

実施したというつもりで書く必要があるのです。心理学演習の目的は，論文の形式を学ぶことであったり，実験手法を学ぶことであったりとさまざまですが，そのような教育的な目的を論文のなかにもち込んではいけません。少なくとも形式に関しては，皆さんが先行研究として引用している数々の論文と同じレベルのものを提出することを求められています。

❷次に気になるのは，「検証する」という表現です。レポートを書いている時点では，すでに過去のことになっているにもかかわらず，過去形で表現されていません。レポートのなかでは「これから書く」ことであっても，実際はすでに終了していることです。したがって，「検証した」のような過去形を用いる必要があります。

❸最後に，仮説が箇条書きになっています。これは絶対にやってはいけません。科学論文は文章で記述することが求められています[7]。数式は例外的に文章からはみ出た形で記述されることがありますが，その他の要素は基本的には文章のなかに埋め込まれた形で記述されています。そのため，複数の仮説を記述する場合も，「1つめの仮説は，…であるというものであった。2つめの仮説は，…であるというものであった。」などと，きちんとした文章になおして記載する必要があります。

　また，仮説の後に予測を述べる必要がありますが，ここでは記載されていません。今回の実験において仮説が正しければどのような具体的な結果が得られるのかを考え，「1つめの仮説が正しければ，○○と予測された。一方で，2つめの仮説が正しければ○○と予測された。」のように記載する必要があります。

---

[7] 論文とは，「論」理的に書かれた「文」章をさします。したがって，論理的でないもの，文章ではないものは，論文とはよべません。

1.6 方法

　方法のセクションでは，実験を受けた人に関する情報や，実験で使用した刺激・手法について わかりやすく，かつ詳細 に提示します。ただし，何でもかんでも載せればよいというわけではなく，重要な情報だけを選択して記載する必要があります。どの程度細かい情報まで記載すればよいのかの判断は難しいところですが，実験の内容について何も知らない読者がその実験を正しく再現（追試）できる程度の情報を記載することが求められています。また，そのような方法の記載は，その 研究方法が仮説を検証するうえで本当に適切なものかどうかを判断する ためにも用いられます。

図1-6 方法の記載には2つの重要な役割がある

　方法は，基本的に完了した出来事についての説明になるため，原則としてすべて 過去形 で記述します。ほかのセクションについても同様ですが，現在形を用いるのは 普遍の事実（「リンゴは下に落ちる」，「仮説AからはA'が予測される」，「Figure 1は各条件における反応時間の平均値とそのばらつきを示している」など）に関してのみです[8]。そのため，心理学論文においては，過去形の量が圧倒的に多くなります。

---

[8] ちなみに，論文で報告している内容は，「普遍の事実」とはいえません。研究者が個人レベルで発見した「事実」ではありますが，それが一般に受け入れられるためには，多くの追試を経て，その現象の再現性やメカニズムの妥当性が支持される必要があります。

1.6.1 方法で記載すること

方法は一般的に，次のようなサブセクションに分かれています。

A. 実験参加者
B. 実験状況
C. 刺激・装置
D. 手続き
E. データ解析
F. 倫理指針

論文のスタイルや記載すべき分量によっては，これ以外の項目を追加したり，逆にこれらの項目のいずれかを省いたりすることもあります。たとえば，質問紙を用いる場合や面接法を用いる場合には，その目的にあわせて，異なった項目分けになる可能性があります。本書では，心理学演習でとりあげられやすい実験心理学研究を想定し，上記のような下位項目を設定しました。

倫理指針は心理学演習レポートには不要である場合が多いと思います。しかし最近の倫理規定にかかわるルールの変化にあわせて，卒業論文では倫理指針に関する項目を記述する必要がある大学も少なくありません。したがって，本書では倫理指針の項目についての解説も含みますが，実際の執筆の必要性については，各箇所の規定に従ってください。

方法のセクションはとくに**コピー&ペースト**が目立つ箇所でもあります。たとえ自分の実験の方法が，先行研究や配布された資料の内容と同じであっても，コピー&ペーストは**剽窃**とみなされます。剽窃は窃盗行為であり，大学のレポートであろうと，倫理的に許されない行為です。大学によっては年度全体の単位取り消しなど重大なペナルティが課せられます。論文を書くことに慣れていないことは言い訳にはなりません。海外の大学では，退学処分になった事例もあります[9]。一方で，多くの人が同じような内容を書くセクションで，異なった（優れた）表現ができればそれはとてもいい**アピール**にもなります。実際，私たち教員がレポートの採点をしている際にそう感じる

---

[9] 英語の文章では一般的に，5単語が連続して同じであれば剽窃とみなされる，という厳しいルールが存在します。日本語においては，どの程度の重複を剽窃とするかについての一般的な基準を決めるのは難しいですが，一文の内容が同じであれば，確実にアウトです。

ことが多々あります。慣れないうちは方法のセクションはとてもつまらない箇所に感じられるかもしれませんが、ほかの人より少しだけ努力して、退屈をチャンスに変えましょう。

1.6.2 実験参加者

この項目では、実験に参加した**人（あるいは動物）の特性**に関する情報を書きます。通常は、実験参加者の合計人数（男女人数の内訳）、年齢の全体平均および標準偏差の情報を載せます。また、心理学のように人の認知能力や性格などを対象とした研究では、実験参加者の**能力**や**社会環境**といった要因も重要になってきます。そのため、必要に応じて、実験参加者がどのような身分にあるかも記載しましょう。たとえば、職業（〇〇大学の学生、社会人など）、国籍、配偶者や子どもの有無などです。そのほかにも、実験内容に関連した重要な情報があれば一緒に記載します。これには、たとえば**利き手**や**既往歴**（病気やけが）の有無などが含まれます。また、分析の際に一部の実験参加者のデータを除外した場合は、その人数と除外の基準についても記載しておく必要があります。この項目には、実験結果に影響しそうな特性をすべて記載することが望まれます。

図1-7 実験参加者の特性

1.6.3 実験状況

レポート・論文の書式によっては，実験状況という項目を記述することもあります[10]。この項目では，実験遂行に影響しそうな状況を記載します。たとえば，室内での実験の場合には外で雨が降っていたことは実験遂行に関係なさそうですが，部屋の蛍光灯の明るさや，音環境などは実験内容によっては影響してきそうです。このような変数については，「部屋の明かりは〜ルクスであった。」，「実験は静寂な環境のなかでおこなわれた。」などと論文中に記載しておく必要があります。また単に状況を記述するだけで終わらず，それがどのように実験に影響したか／しなかったかを明記することも重要です。たとえば「実験中，建物の外で自動車の走行音などの騒音があったが，実験遂行には影響がないレベルであった」のような書き方が挙げられます。さらに，これらの影響を除外するために，暗室や防音室などを利用して実験環境を積極的に操作する場合もあります。このような操作を統制[11]といい，どのような変数に対して統制をおこなったかについても論文中に記載する必要があります。統制内容の書き方については，ステップ2（2.3.3）で解説します。

また，読者は一般的な状況を想定しながら読みますので，一般的ではない状況がどこかにあれば，それも記載しなければいけません。実験状況の記述では，「実験は〇〇教室でおこなわれた」など具体的な教室名を記述する学生も多いですが，このような記述も先ほどの例と同様に，求められていることとは本質的にズレています。もちろん，書かないよりは再現性の検討ができるという点でマシですが，教室名を書くことが大事なのではありません。それよりも，その教室が実験を遂行するうえでどのような環境であったのかを記述することのほうが大事なのです。実験状況は軽視されやすい項目ではありますが，実験計画との関係を意識することができれば，その重要性も認識できるはずです。

1.6.4 刺激・装置

この項目では，実験で使用した刺激と装置に関する情報を書きます。装置は一般的な言葉なので説明は不要でしょうが，刺激という言葉は心理学特有

---

10 手続きの項目に，簡潔に含める場合もあります。
11 刺激の統制に関しては，ステップ2とステップ3で詳しく解説します。

の用語なので少し説明しましょう。刺激とは，実験参加者の何らかの**感覚に対して与えられる物理的変化**をいいます。たとえば，文字，絵，顔写真，声，痛みなど，人間の感覚器官に受容されるあらゆるものが刺激となります。実験者が意図的に制御していれば，実験参加者に知覚されない（気づかれない）ものも刺激とよばれます。

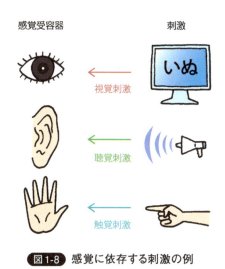

図 1-8 感覚に依存する刺激の例

　そのためこの項目では，実験者が独立変数として操作した**刺激がどのような属性をもっているか**について詳しく記述します。たとえば視覚刺激を用いた場合は，刺激の配置，形，大きさ，色などの情報を記載します。音刺激を用いた場合には，周波数，音量，持続時間などの情報を記載するのが一般的です。また，もっと複雑な文字や顔画像，人の声，立体物体なども刺激として与えられることがあります。このような場合には，上記のような情報に加え，刺激の性質に応じたさまざまな情報を加える必要があります。どこまで詳しく書けばいいのか，という問題については，読者が**記載された文章を頼りに，同じ意味をもつ刺激を作成できる**ことがひとつの基準となります。刺激が複数ある場合，あるいは一般的に用いられるものでない場合には，その**刺激を選定した理由，刺激の統制方法**についても書く必要があります。この書き方についてはステップ2（2.3.1）で詳しく解説します。

> ステップ1　とりあえずカタチにしよう

　刺激呈示やデータ収集に用いた装置に関しても，その**装置の名称，型式，製造元や使用目的**を記載します。また刺激呈示装置のようにどこに配置されたのかが重要である場合は，実験参加者との相対的な位置関係（方向・距離など）も示す必要があります。特殊な装置の場合には，その構成・性能を詳しく記述しましょう。刺激や装置の見た目および配置については，イラストや写真などで図示することによりぐっとわかりやすくなるので積極的に利用してください。

　一般的な装置や心理学の分野でよく用いられる手法については，詳しい説明を省くことが可能です。しかし，**一般的でない装置やオリジナルの手法を用いた場合は，詳細な説明をおこなう必要があります**。たとえば「実験には運動錯覚誘起装置を用いた」などと書かれても，どのようなものかまったくわかりません。一方で，「反応時間計測にはSONY製のストップウォッチを用いた。ストップウォッチとは時間を簡易に計る機械で…」とストップウォッチについて説明する必要はありません。なぜなら，私たちはストップウォッチがどういうものかについて共通した認識をもっているからです[12]。慣れないうちは，提示すべき情報と，しなくてもよい情報の線引きが難しいですが，読者に必要な情報を選別して，できるだけ簡潔でわかりやすい文章をめざしましょう。

12　この例でいえば，「SONY製の」という言葉もじつは不要です。このようなメーカー名が問題になるときは，メーカーによって機器のスペックが異なるような場合です。しかし実際問題として，ストップウォッチに内在する機械的精度のメーカー間の差よりも，人間が押すことによる差のほうがはるかに大きく，メーカー間の差はほぼ無視できます。したがって，反応時間をストップウォッチで計測するような実験においては，一般的にはどのメーカーの製品を使用しても大差なく，メーカー名は記載しなくてもよいはずです。ただし一方で，大学によっては慣例としてメーカー名はできるだけ載せるということもありますので，迷ったら担当の先生に確認してください。

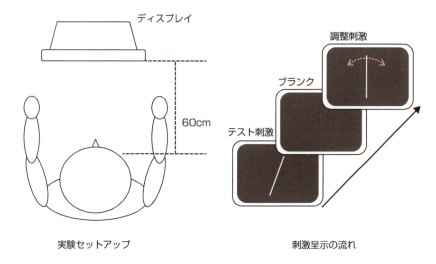

図1-9　実験環境や装置・刺激を示す作図例

1.6.5 手続き

　手続きでは，実験を実施した際の一連の流れについて，刺激の呈示方法や実験条件，課題の説明も含めて記載します。また実験状況の項目を設けない場合には，このセクションに状況の説明を記載します。これらの情報は，読者が実験を追試するために必要最低限の情報でなければいけません。

　実験内容については時系列順に記述するほうがわかりやすいですが，**必ずしもおこなった順番に書く必要はありません**。いくつも実験条件がある場合には，共通する手続きを先に記述して，そのあとに異なる部分を記載するほうがわかりやすいこともあります。また，文章のわかりやすさに加えて，実験のおこない方が無数に考えられるなかで，なぜその手続きをとったのかということが透けて見えるような記述が必要です。

　実験条件や群などについては，便宜上任意に名前をつけて用いられることが多いです。そのような用語については，記載をおこなう前に必ず論文中で定義をしておく必要があります。たとえば，いきなり「一致条件では…。不一致条件では…」と記述するのではなく，「先行刺激と後続刺激の色が同じ

一致条件と，刺激の色が異なる不一致条件との間で反応時間の比較をおこなった。一致条件では…。」と書くようにしましょう。また略語を用いる場合には，初出の際に必ず正式名称を併記して定義をおこなうようにしてください。とくに英語の略語の場合には，「先行刺激と後続刺激の刺激間時間間隔 (inter stimulus interval；以下 ISI) は…」のように，日本語の名称と英語の名称を記述したうえで略語の説明をおこなうのがよいでしょう[13]。

1.6.6　データ解析（データ処理）

　データ解析は，取得したデータをどのように処理したかを記載する場所です。心理学実験・調査においては，従属変数が設定されています。装置や質問紙によって計測・集計されたものがそのまま従属変数となる場合もありますし（たとえば，反応時間や正答数など），得られたデータをさらに計算・加工処理をしたものを従属変数として扱う場合もあります（たとえば，位置データから計算した運動開始タイミング，質問紙への回答をもとに算出した因子得点，など）。後者の場合には，計測量がそのまま従属変数になるわけではないため，計算・加工のしかたに関する記載が必要です。また，計測したデータすべてを利用しない場合には，データの取捨選択（除外）の基準についても記載する必要があります。

　検討した対象が抽象的な概念である場合には，実際に測定した定量的指標と概念との関係性も明記する必要があります。たとえば，錯視量という概念を使用することを考えてみてください。これは，錯視の程度を表すものであることは伝わりますが，反応時間のようにその測定方法は一意に決まりません。そのため，「線分の実際の長さと判断した長さの差を錯視量の指標とする」などと，従属変数を操作的に定義しなければいけません。その対応関係が一般的でない場合には，先行研究を引用して妥当性を保証する必要もあります。

　さらに，統計検定のデザインについても，あらかじめ記載する必要があります。どのような検定を使用したのか，多重比較などポストホック（事後）の検定は何を用いるつもりであったのか，などです。これらの項目が非常に短く記載可能な場合には，結果に記載することも可能です。しかし，統計検定とは，結果にあわせてその手法を選ぶのではなく，実験を計画する時点で

---

[13] ただし，SD（標準偏差）についてはどのような論文でも頻繁に使用される略称であるため，定義をおこなわずに使用して構いません。

あらかじめデザインするものです。したがって、特別な指示がない限りは、データ解析のセクションのなかに独立したパラグラフを設けて統計手法について記載するほうが好ましいと考えられます。

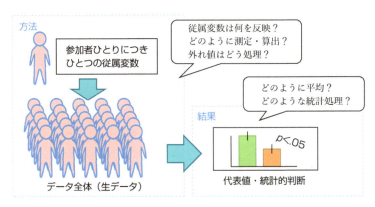

図1-10 データ解析

1.6.7 倫理指針

　心理学の実験・調査は、基本的にはヒトを対象にします。また、分野によってはサルやラットなどの動物を対象にすることもあるかもしれません。現在、ヒトや動物を対象にする場合の研究については、国際的なものや日本国内におけるものなどさまざまな倫理指針に則った手続きを採用する必要があります。さらに、それらの手続きが各研究機関の倫理委員会に認められている必要もあります。倫理指針の項目では、そのような情報を開示し、研究が倫理的に健全なものであることを示します。研究における倫理に関してはp.137のコラムで詳しく解説します。

ステップ1 | とりあえずカタチにしよう

方法のダメな例

実験参加者 大学生12名（男性6名，女性6名，平均20.1歳）。❶
刺激・装置 星型検査用紙，鏡映描写装置，鉛筆，ストップウォッチを用いた。❷
手続き
1. ペアを組む（奇数人の場合は三人でおこなった）。
2. 実験器具の組み立て，ストップウォッチが壊れていないかの確認，実験参加者の利き手の確認をおこなう。
3. 以下の教示文を読む。❹
  - 「星型の溝の中を実験者の合図とともに鉛筆の先でできるだけ速く，またコースから外れないように一周してください」
  - 「コースから逸脱した場合はただちにコースに戻ってください」
  - 「用意，はじめ！」
4. コースを一周したら，いったん鉛筆を離し，閉眼する。実験者は一周するまでの時間測定と，コースから逸脱した回数を測定する。事前課題では，すべての実験参加者は利き手で2回課題をおこなう。
5. すべての実験が終わり次第，簡単な内観をとる。

データ解析 分散分析をおこなった。❺

ここをなおそう！

❶参加者の人数や年齢について記載されていますが，文章の最後が名詞で終わっています。このような体言止めは，一般的な科学論文では受け入れられません。論文では，**すべて文章の形で記述する**ことが求められます（つまり，主語や述語があって，句点で終わる形式）。また実験参加者の年齢の平均値は示されていますが，標準偏差が記述されていません。データを要約して記述する際には必ずばらつきの指標を記述する必要があります。

❷用いられた刺激や装置の名称が書かれていますが，星型検査用紙や鏡映描写装置は，ストップウォッチのように一般的な道具ではありません。そのため，それらがどのような刺激・装置なのかをしっかり記述すべきです。概観や構成品だけでなく，大きさや長さなどの具体的な数値も示しましょう。さら

に，鏡映描写装置を用いることで刺激がどのように実験参加者に与えられたのかについても，細かい解説が必要です。

　また，記録用紙が何を記録するために用いられたのかに関する記述がありません。ただ数値を記録するものではなく，特殊につくられた用紙である場合は，説明が必要です。鉛筆に関しても，ただ「課題には鉛筆を使用した」などと記述したのでは何のために使用したのかがわかりません。**研究でおこなったことにはすべて意味があります**。それらを明らかにするのが論文の役目です。

刺激・装置
「音韻隣接語」
「3次元マニピュランダム」

刺激や装置は，研究分野や実験に特有のものが多いため，読者に伝わらないことが多い。ていねいに解説する！

図1-11 刺激や装置は丁寧に説明をおこなう

❸ 最初に目につくのは，箇条書きが使用されている点です。論文では，並列する内容を強調する場合を除いては，箇条書きを用いずに一続きの文章として記載する必要があります。教示は実験を進めた時系列に従って，重要な内容のみを文章として書くようにしましょう。また，すべての時制が現在形で書かれていますが，これも大きな問題です。方法は，過去におこなわれた出来事の描写になるため，文章は基本的にすべて過去形で記述しなければなりません。書き終わったあとに無駄な現在形の文章がないかを必ず確認してください。

　実験者がおこなったことを"そのまますべて"記述している点も気になります。実験で実施した作業をすべて記述することは，記録としてはわかりやすいかもしれませんが，論文には適しません。手続きでは，**研究の目的を達成するために必要な情報のみを伝える必要があります**。そのため，装置の組み立て方や壊れていないかどうかの確認など，実験者の作業レベルの事柄についてはあえて記述する必要がありません[14]。実験者と実験参加者のペアを組むなどの行

ステップ1 | とりあえずカタチにしよう

為も**実験演習に特有の作業**であるため，記述する必要はありません。「なぜそのやり方でなければいけないのか？」という疑問を常に念頭におき，作業レベルの表現ではなく，実験の目的にあった表現で書くことが必要です。

❹教示文はそのまま書く必要はありません。ただし，教示のなかに実験内容に関わる重要な手続きが含まれている場合には，その内容を論文に記載しておかなければいけません。その際は，教示した内容を直接話法ですべて記載するのではなく，実験において重要な点をできるだけ客観的に記載しましょう。客観的に教示を書くひとつのテクニックとして，教示として実験参加者に頼んだ内容を書くのではなく，**実験者・実験参加者がおこなった事実**を書く方法があります。たとえば，例のような教示内容であれば，「実験参加者は，星型の溝のなかを鉛筆の先でできるだけ速く，かつコースから外れないように一周した。各試行の開始は，実験者の合図によって告げられた」などと書きなおすことができます。

　研究内容によっては，教示文の記載において直接話法を記載することが重要な場合もあります。つまり，実験の都合上，どのような状況においてもまったく同一の教示をしないとならない場合です。**教示の与え方ひとつで結果が変わってしまう場合には，教示の一言一句まで統制しなければいけないのは当然**です。このようなケースはとくに，社会心理学や，臨床心理学の分野において多いかもしれません。一方で，認知心理学や知覚心理学においては，むしろ実験参加者が"何をおこなうか"に関して統制することが多いため，教示を直接話法で載せることは多くありません。このように，同じことをおこなったとしても，研究の目的によって方法の記載のしかたは異なります。

❺データ解析の説明において，「分散分析をおこなった」だけでは情報が不足しています。**どの従属変数**に関して，**どのような分散分析**をおこなったのかを記載しましょう。また，手続きの項目で，課題の遂行時間と逸脱回数が測定されていることが明記されていますが，逸脱回数がどのようにカウントされて

---

14 また，実験演習では装置や刺激に管理のための番号（刺激A-1，刺激B-1など）をつけることも多いですが，それらも特別な理由がない限りは，記述する必要はありません。ただし，論文上で装置や刺激セットの種類が複数あり，かつそのあとの記述で何度もその名前が使用される場合は，任意に名前をつけておくほうが便利です。その際は，あらかじめ論文中で名前を定義したうえで使用するようにしてください。

いるかが示されていません。このような場合には，その測定指標・方法の定義をきちんとおこないましょう。たとえば，どのような逸脱を一回としてカウントしたのか，そのカウントは個人でおこなったのか，などです。人が判断するような指標の場合には，その判断に関し複数の実験者の合意をとる場合があります。あるいは，そのような判断の信頼性を算出する場合もあります。データ解析の項目では，結果で提示される値がどのような過程を経て算出されるのかをなるべくていねいに記述する必要があります。

ステップ1 とりあえずカタチにしよう

------- コラム -------

質問紙を用いた際の方法の書き方

　ステップ1では実験法を用いた研究における方法セクションの書き方を紹介しています。しかし，質問紙や観察法など，ほかの研究方法を用いた場合は，その研究方法に応じて記述しなければならない内容も変える必要があります。本コラムでは，質問紙を用いた際の「方法」の記述方法を紹介します。ほかの研究方法に関しては本書ではカバーできませんが，どの方法においても，「なぜその方法なのか？」という疑問に十分に答えられることができ，さらに実験を忠実に再現できるだけの情報が必要とされる点は同じです。

　質問紙法とは，ある質問に対して実験参加者が自発的な回答をし，その回答内容にもとづいて研究を進める方法をいいます。一般的には，複数の質問項目を冊子状態にしたものを実験参加者に配布し，筆記で回答を求めます。このときの回答法には，質問項目に対する同意を何段階かに分けて求める方法が用いられることが多いです。それ以外にも，研究の目的に応じて自由回答や選択肢を用いる方法などさまざまな方法がとられます。

　質問紙の「方法」においては，「調査対象者，配布・回収方法，実施状況，回答方法，質問項目（尺度）」などの項目を記述しなければいけません。具体的な見出しは先行研究を参考にして，適切なものを選びましょう。これらの項目は，基礎実験でいう「実験参加者，実験状況，刺激・装置，手続き」などの項目に相当します。質問紙を使用する場合にも実験法と同様にさまざまな統制が必要です。とくに，質問紙法では参加者に意識的な報告を求めているため，教示や質問の言葉づかい，実験者の態度，質問回答時の環境などが回答に対して大きな影響を与えます。そのため，これらの項目がどのようであったのか，また，どのように統制したのか，が記述されているとよいでしょう。さらに，使用する質問項目についても，妥当性や信頼性といった定量的な指標（信頼性係数，他テストとの相関係数など）を報告して，正当性を担保する必要があります。

1.7 結果

　結果のセクションでは，実験によって得られたデータがどのような特徴をもつのかを，図や表とともに示します。データといっても，いわゆるローデータとよばれるような加工前の値をそのまま提示したのでは，読者にはそれらが何を意味するのかは理解できません。そのため，記述統計や推測統計といった統計学的な手法を用い，要約した形でデータを示す必要があります。

　記述統計とは，平均値や標準偏差のように，データを代表する値やばらつきの指標となる値を求める方法です。図や表に用いるデータも，基本的にはこの記述統計量が使用されます。それに対して推測統計は，t 検定や分散分析などの統計的仮説検定の手法を利用し，条件間での平均値の違いなどが一般化できるのかどうか（有意かどうか）を推定する方法です。心理学論文では，おもにこれら2つの統計量をもとに結果の記述がおこなわれるため，実験でどのような値を算出して分析に用いたのか，またどのような分析方法を用いて検討をおこなったのかをきちんと理解しておく必要があります。

　結果の記述は，すでに過去におこなった分析内容をもとにおこなわれるため，方法と同様に原則としてすべて過去形で記述します。ただし，図や表に示した内容について言及する場合には，例外的に現在形を使って記述します（「Figure 1は各条件における反応時間の平均値とそのばらつきを示している」など）。

1.7.1 結果の記述方法

　最初のパラグラフでは，各実験参加者のデータをどのように整理したのかについて冒頭で簡単に触れます。結果の記述が長くなる場合には，結果のまとめを一緒に記載しましょう。2番めのパラグラフから，従属変数の代表値（平均値や中央値など）とばらつき（分散や標準偏差など）に関する記述，および統計的仮説検定の結果について具体的に述べていきます。従属変数として測定をおこなった指標が複数ある場合には，パラグラフを分けて述べるほうがわかりやすいでしょう。結果の記載には解釈を含めず，数値や大小関係などの事実のみを記述します。グラフに関しても，誰もが読みとれる事実

のみを記述します。統計的仮説検定の結果を記載する場合は，文章で結果を記載し，統計検定量は文章の後ろに括弧をつけてそのなかに記載します。検定結果の記述方法については，p.90のコラムを参照してください。

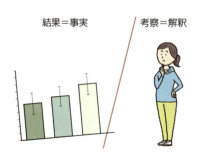

図1-12 結果は解釈を含めず，事実のみを記載する

結果の例

それぞれの条件における各試行の反応時間を実験参加者ごとに平均した。誤答数に関しては，それぞれの条件における誤答数の総数を実験参加者ごとに算出した。両条件の反応時間を比較したグラフをFigure 1に示す。Figure 1の縦軸は反応時間，エラーバーは標準偏差を示している。A条件の平均反応時間は461.3 ms（SD = 29.9 ms），B条件は480.0 ms（SD = 22.7 ms）であった。2条件の差を統計学的に検討するため，対応のある両側t検定をおこなったところ，A条件とB条件の間で反応時間に有意な差が示された（$t(7)$ = 2.53, p < .05）。この結果，A条件の反応時間はB条件よりも短いことがわかった。

結果のダメな例

各試行の錯視量の平均値とSDを求め（Table 1），グラフ化した（Figure 1）（①）。それが下のグラフである。グラフを見ると，条件Aのほうが条件Bと条件Cよりも大きいという結果となった。このことは，本研究の仮説を支持する（②）。

被験者間1要因3水準の分散分析の結果，$F(2,27)$ = 6.12, p < .01となった

(❸)。多重比較をおこなったところ、条件Aと条件Bの間に有意差があった(❹)。条件Bと条件C、条件Aと条件Cの間には差がなかった。このことは、条件Aは条件Bと条件Cよりも錯視が起こりやすいことを意味する(❺)。

ここをなおそう!

❶ まず、基本的にはデータの代表値は**本文中に記載するべき**です。今回の例では、全部で3群の平均値と標準偏差しか扱わないため、代表値を表にまとめる必要はありません。表を用いるのは、いくつもの要因や水準が存在し、数値を本文に記載するとかえって煩雑になってしまう場合のみです。また、Figureの記述について、「グラフ化」という言葉が使われていますが、「…をFigure 1に示す」というような言葉を使いましょう。

❷「グラフを見ると、…という結果となった。」とありますが、結果の結論は統計的仮説検定によって得られるものであり、グラフの観察結果からではありません[15]。そのため、この表現は不適切です。さらに、「このことは…仮説を支持する」と、仮説の検証の記述がありますが、これも問題です。**結果のセクションでは事実のみを示すべきで、解釈(仮説との比較や考察)をしてはいけません**。

❸ 統計的仮説検定の結果の記述については、統計量($F(2,27) = 6.12, p < .01$)が述語として用いられていることが問題です。統計量は統計的判断をサポートするものです。そのため、本文ではなく、文章のあとに括弧をつけてそのなかに記載しましょう。また、この分散分析の結果は、錯視に関する"要因の主効果"を検定しています。そのため、「**矢羽の角度の主効果**は有意であった。」と記載し、検討の対象を示すべきです。

❹ 多重比較の結果に関しては、有意差があったことは記載されていますが、統計量が示されていません。これも括弧書きで追加する必要があります。また、「有意差があった」のみではどのような差であるのかわかりません。必ず、

---

[15] 心理学演習の最初の時期のレポートでは、統計的仮説検定をおこなわない場合もあると思います。ただしその際にも、グラフの観察から主観的な表現によって結果をまとめるのではなく、記述統計量(平均値や標準偏差など)の比較によって結果の結論をまとめましょう。

ステップ1 とりあえずカタチにしよう

「…は…より大きかった」などと，差の方向を記述しましょう。

❺最後に，「錯視が起こりやすい」という表現が用いられていますが，これも解釈を含んだ表現になっています。結果は，従属変数の統計量を比較する箇所です。そのため，「錯視量が大きかった」というように，従属変数の名前と，その値の比較をシンプルに表現するほうが適切です。

1.7.2 図表に共通のルール

　図とはデータをグラフとして視覚化したもの，あるいは実験環境や装置などの写真です。表とは，比較的大量のデータを，文章を使わずにまとめたものです。結果の記述をする際には，読者の直感的な理解を助けるために図や表を積極的に活用しましょう。ただし，**図や表はあくまで文章の補助的な手段であるため，図や表を載せただけで満足しないように注意する必要があります**。図表をつくる際の全体的な注意点を以下に示します。

　まず，図と表に共通する書き方について説明します。図表には，タイトル（キャプション）をつけます。タイトルは，本文を読まなくても何についての図・表であるか理解でき，かつできるだけシンプルなものにします。図表は，論文全体で通しの番号をつけます。ただし，図と表はそれぞれ別の通し番号となります[16]。「執筆・投稿の手びき」（日本心理学会）に従うと，番号を示す際には図はFigure，表はTableと，英単語表記をします。英単語表記を使用した際には，本文でその図表に言及する際にも同様に英単語を使用しましょう[17]。図表を記載する場所は，そのデータに言及している文章が含まれているパラグラフのすぐ下に載せるのが基本となります。すでに刊行されている論文の場合，参照している本文と離れた位置に図表が載っていることもありますが，それは雑誌に掲載される際に，レイアウトの都合で移動されたものです。演習レポートとして執筆する際にはそのような都合はないため，できるだけ近く，参照しやすい場所に記載する必要があるのです。

　図と表はそもそも異なるデータの示し方です。通常はどちらか相応しいほうを選んで用い，同じデータにもとづく図と表は作成するべきではありませ

---

[16] たとえば，図1，図2があったあとにはじめて表が登場する場合は，表3ではなく，表1になります。
[17] 「Figure 1では…」，「Table 1では…」など。

ん。ただし，データ量が多く，そのためにデータの特徴を片方のみでは示しきれない場合には，同じデータにもとづいて図表の両方を示す場合もあります。心理学演習の場合には，教育的な目的もあるので，あらかじめ担当の先生からどのような図表を作成するかを指示されることがあると思います。その場合はその指示に従ってください。

　図や表の中で使用されている指標の名前や単位は，本文中のものと一致させましょう。省略語に関しては，文中で説明してあったとしても，図表でも改めて説明をおこないましょう。説明する場所は，図であればタイトルのあと，表であれば表の下かタイトルのあとです。また，結果の本文において比較をおこなっているデータは，一枚の図表にまとめるようにしましょう。図表をまたいだ比較はとても把握しづらくなります。また，図表で使用するフォントは，本文で使用したものと同じものを使用してください。

1.7.3　図の書き方

　図のタイトルは通常は図の下に示します[18]。タイトルのあとには図の説明を入れることが可能なので，簡潔に図の説明をしましょう。また，図中には，縦軸と横軸それぞれのラベル，データの単位も必ず記載します。縦軸と横軸の原点は原則として0である必要があります。データの都合上，縦軸や横軸の一部を省略する際には，わかりやすいマークをつけておきましょう。

　独立変数が連続的に変化する場合（たとえば1月，2月，3月）は折れ線グラフ，独立変数が不連続である場合（たとえばA組，B組）は棒グラフを使用します[19]。連続的に変化する変数2つの関係を示す場合には散布図を使用します。散布図は，相関や回帰の分析をおこなう場合に用いられ，平均値ではなくひとつひとつの計測値をプロットしていくことが一般的です。折れ線グラフや棒グラフにおいて平均値を示す場合には，標準偏差のようなばらつきの指標を，誤差棒（エラーバー）を用いて示します[20]。

---

[18] 2022年版の「執筆・投稿の手びき」では，図のタイトルを図の上に示す形式に変更になりました。どちらに示すかについては，提出先の指定に従ってください。

[19] ただしこれは理論的な問題も絡んでくるので，難しいところです。すなわち，1月，2月，3月を不連続な変数（質的変数）とみなす理論的立場もありえます。そのような観点でいうと，棒グラフを使用するほうが無難です。折れ線グラフを使用する際には，プロットする位置が実際の連続変数の間隔と一致するように作図しましょう。

[20] 標準偏差は，得られたデータが平均値の周辺でどのようにばらついているのか（誤差の範囲）を表す指標であるため，平均値と一緒に示す必要があります。

ステップ1 とりあえずカタチにしよう

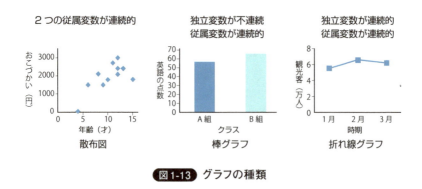

図1-13 グラフの種類

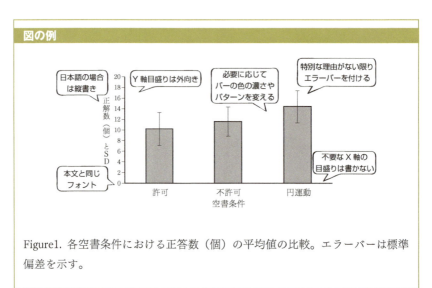

Figure1. 各空書条件における正答数（個）の平均値の比較。エラーバーは標準偏差を示す。

1.7 結果

図のダメな例

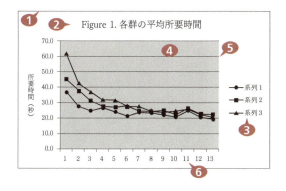

ここをなおそう！

　この図は折れ線グラフの例です．Microsoft Excel を使用すると，デフォルトではこの図に近い図が作成されます．そのため，上の図が皆さんのスタートラインともいえる図です．ただし，このままの形では論文で使用する図としては適していないため，加工して用いる必要があります．以下に，それぞれの番号に対応した修正内容を示します．

❶図全体に対して枠がついています．論文中では枠をつけずに示すのが一般的です．枠線の色を「線なし」に設定して，枠を消しましょう．

❷タイトルが図の上についています．タイトルは図の下につけなければいけません．タイトルを図の下方に移動させてください．あるいは，図のなかにはタイトルを含めず，文書内で図の下にタイトルを挿入しましょう．

❸凡例が表示されているものの，群（あるいは条件）の名前が適切に設定されていません．それぞれの線データ（ラインやマーカー）に対応する群の名前を設定し，どの線がどの群を示しているのかを明らかにしましょう．

❹ 図の背景が灰色で塗りつぶされています。図の背景は白くなければいけません。塗りつぶしなしに設定をして背景色を消すか，あるいは白に設定しましょう。

❺ 縦軸の目盛ごとに横線が引かれています。しかし，原点以外の部分には横線は不要です。

❻ X軸に関するラベルがありません。X軸の数値が何を示しているのかがわかるように，「試行回数」などのラベルをつけるとよいでしょう。

　ほかの改善点としては，各条件の線は実線のほかに点線や破線を用いるなど，見た目にも分けるほうがデータの内容を把握しやすいでしょう。マーカーの形を使い分けるのもよい方法です。また，この図にはエラーバーがつけられていませんが，特別な理由がない限りは，ばらつきの指標をエラーバーとして示す必要があります。さらに，タイトルには「各群」という表現を用いるのではなく，適宜，課題名や要因の名前を入れるなどするほうが読者に親切です。

▶ 1.7.4　表の書き方

　表のタイトルは表の上に示します。図とはタイトルの位置が異なるため混同しないように気をつけましょう。そのほかにも，表に記載されている数値の単位を明示すること，小数点を揃えること，見出し（ヘッダー）は中央揃え，左項目は左揃え，数値は中央揃えにする点などにも気をつける必要があります。さらに細かい点や作成例に関しては，「執筆・投稿の手びき」（日本心理学会）を参照してください。

　表を形づくっている線を罫線（けいせん）とよびます。Microsoft Excelでは，デフォルトでは罫線が引かれていません。そのため，自身で引く必要がありますが，楽をしようとしてセル全体を選択してしまうと，すべてのセルに格子状に線が引かれてしまいます。心理学論文において，縦の罫線を使用することは一般的ではありません。そのため，たとえ資料では縦罫線が引か

れていたとしても，その真似をせずに心理学論文として正しい表を作成するように心がけましょう。

また，表においては，平均値を M，標準偏差を SD として略記することが一般的です。これらの指標に関しては，表の注に略省記号の説明を加える必要はありません。

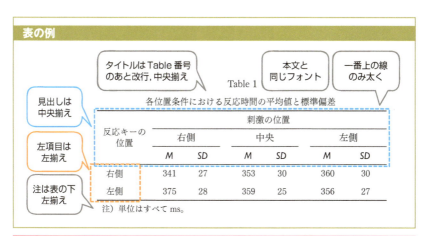

ここをなおそう！

　この表はすっきりとしていて，そこまで悪くは見えません。タイトルの位置や内容も問題ありません。しかしながら，心理学論文のルールにのっとると，不適切な部分があります。まず，横罫線が項目ごとに引かれています（①）が，横罫線は見出しや表全体の上下のみに留めるべきです。また，縦罫線は原則として使わないようにしましょう（②）。次に，横罫線が太くなっている箇所がありますが，太線は一番上の線のみに使います（③）。最後に，SDを括弧で示す，ということはタイトルにも明示されているので問題ありませんが，いくつかの値の小数点以下の数字が揃っていません。この表に限ると，すべての値は小数点第一位までに統一したほうがよいでしょう。したがって，表中で「2」となっている箇所は「2.0」と値を修正する必要があります（④）。

1.8 考察

　考察は，実験や調査で得られた結果を先行研究と比較し，その結果が何を意味しているのか，そこからどのような示唆が得られたのかを議論するためのセクションです。事実だけを提示する結果のセクションとは異なり，研究者の解釈や主張が多く含まれます。書き方に幅があるため，慣れないとどのように書き進めていけばよいか戸惑う方も多いでしょう。しかし，文章の構成としてはある程度決まった型があります。そのため，その型どおりに書いていくことができればそこまで苦労することはありません。図1-14に，考察セクションのパラグラフ構成の一例を示しています。まずはこれを見ながら，考察の流れについて確認していきましょう。

1.8.1　考察で記載すること

　最初のパラグラフでは，本研究の目的について確認し，結果のまとめを書いたあと，そこから何が示唆されたのかをまとめます。読者は結果を読んだばかりで，すでに研究の目的を忘れているかもしれないため，それを思い出させる効果もあります。以降のパラグラフでは，実験結果によって仮説が支持されたかどうかに関して，詳しく検討していきます。仮説が複数ある場合には，ひとつのパラグラフで一気に説明するのではなく，複数のパラグラフに分けるほうがよいでしょう。仮説検証が終わったら，今回の研究と先行研究を比較し，検討した現象について明らかとなったことを示しましょう。また，実験実施における問題点，研究の限界点などもパラグラフを分けて記述します。これらは類似した内容であるため，場合によっては1つのパラグラフにまとめることも可能かもしれません。考察の最後には，研究全体の結論を改めてまとめましょう。

ステップ1 とりあえずカタチにしよう

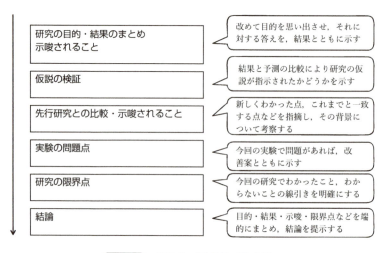

図1-14 考察のパラグラフ構成例

　考察は，論文におけるクライマックスのようなイメージがあると思います。しかし，それは，見方によっては間違っています。なぜなら，**結果を出した時点で，手札は出尽くしている**はずだからです。もちろん，それらのカードを組みあわせて美しく現象を再構成する作業が考察にあたると考えれば，クライマックスには違いありません。しかしながら，論文は推理小説とは違います。設定された現象を説明するための実験を，できるだけシンプルに，わかりやすく述べるべきです。そのため，よい論文であればあるほど，考察を読まなくても論文の価値が伝わります。つまり，問題提起や先行研究の紹介の時点で，着眼点と研究の重要性が示され，実験方法によってその目的を達成するための検証方法がわかり，実験結果によって研究の仮説が正しかったかどうかが判明するのです。このように，論文において考察は最後のセクションに位置してはいますが，謎が解かれるクライマックスではなく，**すべてのピースがつながったあとの振り返りにすぎない**のです。
　しかし，考察が重要でないわけではありません。考察は，それまでに**提示された論理の流れ**をていねいにおさらいする箇所です。これは読者の理解を助け，論文の説得力を増加させるために必要です。また，実験のすべてが思いどおりにいくわけでもありません。部分的に予測どおりにいかなかった点

に関しては，当初提示していた仮説との整合性を慎重に検討し，矛盾がないかどうかを示さなければいけません。つまり，**不測の現象を説明したうえでももともとの説明が成り立つのかを示す**必要があります。場合によっては，当初の仮説に修正を加える必要が出てくることもあります。この作業は，論文の主張を明らかにするために非常に重要です。

図1-15 考察までに手札を出し尽くす

これから，先ほど紹介した各パラグラフの内容について，1つずつ解説をしていきます。今回はそれぞれのパラグラフごとのダメな例は示さず，最後にまとめてダメな例とその修正方法を示します。

1.8.2 研究の目的とまとめ

考察の始めの段落には，実施した研究すべての内容が凝縮されていることが理想です。たとえば，第一パラグラフの流れは以下のようなものが考えられます。

研究の目的とまとめの例

　本研究の目的は〇〇を明らかにすることであった。仮説は，〇〇は〇〇というものであった。本仮説を検証するため，〇〇（実験内容）をおこなった。もし仮説が正しい場合には，〇〇ということが予測された。実験の結果，〇〇ということがわかった。本研究の結果は〇〇ということを示唆する。

最後の示唆（結論部分）では，必ず**研究の目的と対応した答えを書く必要**

があります。すなわち，研究・実験をおこなった理由に対して，最終的な結論を示します。これがないと，「結局は何がいいたかったの？」ということになってしまいます。たとえば，何かを明らかにしたいという理由で研究が実施されたならば，「…が明らかになった」という結論が必要ですし，現象の背後のメカニズムを検証するためであれば「…というメカニズムがあることが示唆された」などと結論することが求められます。決して，結果の説明や「仮説を支持した／しなかった」といったような記述だけで文章を終わらせることのないようにしましょう。

1.8.3 仮説の検証

　仮説の検証では，研究の仮説と予測をもう一度説明し，実験結果から仮説が支持されたかどうかを論じます。従属変数が2つ以上ある場合（たとえば正答数と反応時間）には，2つのパラグラフに分けるほうが無難です。その際には，新たなパラグラフあるいは結論のパラグラフなどにおいて，それらの結果をまとめて解釈することを忘れないようにしましょう。ただし，2つの従属変数の結果が一貫していて，コンパクトにまとまるようであれば，1つのパラグラフに収めてもいいでしょう。

　考察における結果の記述のしかたで重要なことの1つに，統計的な有意差検定の記述方法があります。私たちが統計的仮説検定を用いるのは，実験結果が一般化できるかどうか（＝有意な差があるかどうか）を保証するためです。すなわち，結果における統計的仮説検定で「有意な差がある」と判断されたものは，そのあとの考察では「差がある」として話を進めていいよ，というお墨つきをもらったということになります。そのようなお墨つきをもらったあとにも，「有意な」をいちいちつけるのはおかしなことです。したがって，考察においては，実験結果に関して「有意な差があった」という表記ではなく，「差があった」という表記を用いるべきです[21]。

21　もちろん，考察において"統計的な手法に関する問題"について述べるときには統計的な表現を用いても構いません。しかし，心理学演習のレポートにおいてはなかなかそのような考察は生じにくいでしょう。

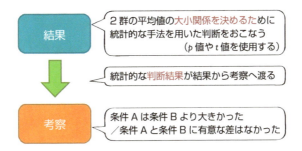

図1-16 考察では統計的な「判断結果」を用いる

　一方で，統計的な有意差が出なかった場合には，少し難しい問題があります。じつは，統計的仮説検定は「差がない」と主張するための方法ではないため，「有意差がなかった」→「差がない」というような主張の変換ができません。そのため，少なくとも論理的には，統計的に有意差がなかった場合に母集団間についての主張や考察をしてはいけません[22]。このような事情のため，有意差がみられなかった場合は，表記に関しては「差がなかった」ではなく，「統計的に有意な差がなかった」というメタレベルの表現を用いるほうが無難です[23]。

仮説の検証の例

　本実験の仮説から，〇〇ということが予測された。本実験の結果，〇〇であった。この結果は予測と一致する。この点から，本研究で立てた〇〇という仮説は支持された。（中略：従属変数間の一貫性などについて述べる）したがって，本実験結果は，〇〇であることを示唆する。

22　とはいっても，有意差が出なかったことについて考察をしなければいけない場合もあると思います。そのような場合は担当の先生の指示に従いましょう。
23　統計的な表現についてさらに補足すると，「差があった／なかった」という表現よりも，「差がみられた／みられなかった」という表現のほうがマイルドです。統計的に有意な差があった場合には，自信をもって「差があった」と表現してもよいのですが，「差がない」とのみ表現されると，正確さを欠いてしまいます。そのため，考察において「統計的に有意な差がなかった」と表現しない場合は，「差がみられなかった」などの弱い表現を用いるほうがよいでしょう。

1.8.4 先行研究との比較・結果からの示唆

このパラグラフでは，今回の研究で得られた結果を先行研究と比較し，そこから何が示唆されるのかを述べます。比較する対象が多い場合や，説明が複雑になる場合には，無理に1つのパラグラフに詰め込まずに，パラグラフを分けて説明をおこなうとよいでしょう。

先行研究との比較では，まず今回の研究が先行研究の結果や主張を支持したのか，それともしなかったのかを述べましょう。その際に，結果の一致や相違だけでなく，刺激や実験方法においても何が違って，何が同じであったのかをしっかりと明らかにします。そのうえで，なぜ今回のような結果が得られたのかを考察します。先行研究の結果と矛盾した結果が得られたのはなぜなのか，あるいは，一致した結果が得られたのはなぜなのかを，仮説との関係で考察し，総合的に何が示唆されるのかを明らかにしましょう。

この項目は先行研究を含めて広い範囲の現象を，できるだけ少ないパーツ（理論・仮定）で説明する部分です。そのため，**幅広い知識**と**論理的な説明が必要**とされます。先行研究を調べないことには何も書けませんし，調べただけで考えなければ統一的な説明ができません。このように，この項目は大変な作業と時間を必要とする部分ですが，それだけにほかの人と差がつきやすい部分となります。

> **先行研究との比較・示唆されることの例**
>
> 本研究の結果から，○○ということが示された。この結果は○○であることを示した○○らの実験結果と一致する。○○らの実験では，○○という方法が用いられており，本研究で用いられた方法とは○○という点で異なる。これらの違いを考慮すると，○○ということが示唆される。

1.8.5 実験の問題点・研究の限界点

科学論文では，実験の問題点や研究の限界点についても記述をおこない，今後の研究につなげていくことも重要となります。論文によっては問題点と

1.8 考察

限界点を区別せずに,ひとくくりに問題点として述べていたり,今後の課題として記述していたりするものもありますが,ここではそれぞれの違いを明らかにしたうえで,記述のしかたについて解説をおこないます。より詳細な内容については,ステップ2（2.5.3）を参照してください。

　まず,実験の問題点では,**実験統制上・遂行上の問題点**を明らかにします。研究においては,あらかじめ実験計画として,独立変数（条件など実験者が操作するもの）が従属変数（反応時間や誤答数などの指標）に対してどのように影響を与えるかを仮定しています。しかしながら,独立変数以外の想定外の変数が従属変数に影響を与えてしまうケースもあるでしょう。つまり,統制がうまくいかなかったり,実験をおこなって初めて気づいたような変数があるような場合です。このように,独立変数以外に従属変数に影響を与えてしまうと考えられる変数を**剰余変数**といいます。実験の問題点では,剰余変数の可能性を挙げ,それらが従属変数の測定に対してどのように影響をおよぼしたかを検討します。また,想定される剰余変数を指摘しておいて,実際には剰余変数が存在しなかったことや,たとえ存在していたとしても,それが実験結果の信頼性を損なうものではないことを,**先行研究や実際のデータ**にもとづいて主張することも必要です。

　次に,研究の限界点では,実験計画上「どこまでを明らかにすることができたのか」という観点から,研究結果を見なおします。すなわち,さまざまな点を考慮したうえで,少なくともどの程度までは確信をもって主張できるのか,いっぽうで,どのような点についてはあまり強く主張できないのかを述べます。このような記述は,**研究の大きな目的**と,**本研究で明らかにしたこととのつながりを明確にする**ために重要です。また,今後の研究の展開として,どのような手続きをとれば最終的な目的に近づけるのか,ということも記述できるとよいでしょう。

> **実験の問題点・研究の問題点の例**
>
> 　本実験の問題点として，条件Aと条件Bの間で，視覚的なフィードバックに差が生じていた可能性が挙げられる。たとえば…（中略）。しかしながら，本研究では，○○という実験結果が得られた。そのため，視覚フィードバックの差が正答率に影響を及ぼしていたとしても，その影響は今回得られた条件間の差に比較すると非常に小さいことが示唆される。
>
> 　また，実験条件において○○の効果と○○の効果を分離できていない点が本研究の限界点である。（中略）○○のメカニズムを明らかにするためには，そのような分離が不可欠である。そのため，今後の研究では，○○という実験条件を追加することによって○○の効果を分離したうえで検討をおこなう必要がある。

1.8.6　結論

考察の最後では，研究の結論について記述をおこないます。結論は，研究の目的や結果，示唆されることをまとめたものであり，考察の最初のパラグラフと似ています。ただし，まるっきり同じ内容にはせず，コンパクトにまとめ，今後の展望などを含め，これからの研究につながるようなまとめ方をしましょう。

> **結論の例**
>
> 　本研究は○○を明らかにすることを目的とし，○○を用いた実験の結果，○○であることが示唆された。これは○○に関する先行研究と一致し，○○という主張を支持する。本実験は○○という限界点はあるものの，○○を明らかにした点で意義があった。○○に関するさらなる検討を進めるためには，今後の研究で○○を検討する必要がある。

考察のダメな例（圧縮版）

　まず，本研究の仮説を支持する結果とはどのようなものか考えてみる（①）。学習課題を利き手でおこなっても，非利き手でおこなっても，同程度の成績向上がみられるはずだという仮説を支持する結果は，両条件において，実験課題において所要時間と逸脱回数が学習前と学習後において同程度減少しているはずである（②）。グラフを見ると，13-15試行の各群の平均所要時間は利き手学習群，非利き手学習群，休憩群の順で長くなっていることがわかる（③）。多重比較の結果，利き手学習群と非利き手学習群，利き手学習群と休憩群の間に有意差があった（④）。つまり，学習の効果は，非利き手学習群は，利き手で一貫して練習した利き手学習群よりも有意に劣ることが示された（⑤）。

　今回は仮説を支持することができた（⑥）。ただし，逸脱回数のデータではうまく仮説を検証することができなかった（⑦）。逸脱回数は参加者の集中力や個人の学習能力の差の影響などが強く，データとしては正確でないかもしれない（⑧）。今後の研究では，参加者の集中力も考慮した実験をおこないたい（⑨）。

ここをなおそう！

　この例は今までに著者の担当する心理学演習の授業で提出された複数の演習レポートの悪い部分を抽出・圧縮して作成したものです。ただし，**ひとつひとつのオリジナルのレポートはこの調子がずっと続くので，この例よりももっとわかりにくいです**。おそらく多くの皆さんはこの文章を読んで，何がいいたいのかわからない，と感じるはずです。しかし，自身で作成する場合にはそのような客観的な観点は往々にして失われてしまいます。考察は「考えたことをそのまま述べる」場所ではなく，実験の結果について論理的な解釈を，科学論文の形式に従って提供する場所です。上に挙げたダメな例は，文章の論理性も足りず，形式も満足なものではありません。このダメな例は全体的な構成ごと修正しなければ，きちんとした考察にはなりません。しかしそれではあまりに解説が煩雑になります。そのため，今回は構成に関する指摘はせず，一文ずつ表

ステップ1　とりあえずカタチにしよう

現に関する修正をおこなっていきます。

❶ この文章では「〜考えてみる」という表現が用いられていますが，これは科学論文の言葉づかいではありません。「仮説を支持する結果」は，演繹されるものであり，あれこれ考える対象ではありません[24]。このような場合は，「仮説からは，○○が予測された。」などという表現を用いるのが適切です。

❷ 次の文章では，条件の内容を改めて説明していますが，少し冗長でわかりにくくなっています。この部分は，「利き手条件と非利き手条件の学習量は，所要時間と逸脱回数の両指標で差がない」という表現になおすとすっきりした文章になります。

❸ ここでは，「グラフを見ると」とありますが，考察では基本的に，結果の図表を振り返ることはしません。**データにもとづいた判断は結果のセクション**でおこないます。考察では，結果で呈示された「結果についての結論」をもとに仮説の検証を進めます。ちなみに心理学演習の場合，初期のレポートでは統計的仮説検定を使用しないこともあると思います。そのように有意差判断がない場合でも，結果のセクション内できちんとまとめをおこなっておくことが重要です。仮説の検証以降の議論においても，議論の根拠として提示する結果は，結果のセクションでわかりやすくまとめておくと読者に親切です。**使用するものは事前に提示する，事前に提示していないものは使わない**，というのが論理的な文章の大きなルールです。

❹ 考察における統計的仮説検定の表現では「統計的に有意差があった」ではなく，「差があった」という表現になおしましょう。これは，結果の項で統計的な結論を用意し，それの結論のみを考察で使用するためです。「統計的に…」という記述をするということは，話を蒸し返してしまうことになります。次に，この文章には各群に差があったことのみしか記述がありませんが，結果の記述と同じく，どちらの値のほうが大きかったのかという**差の方向**を明記しましょう。

---

[24] 考える，というと不確かな推論が行われることが想定されます。しかし，ここでは，「仮説を支持する結果」は，そのような不確かな作業から生み出されるわけではない，という意味です。

❺ 第一パラグラフ最後の文章では，結論が述べられています。しかし，ここでも「有意に」という言葉は使ってはいけません。また，「劣る」という言葉は価値判断を含む言葉であるため，用いないほうが無難でしょう。もちろん完全な間違いではありませんが，科学論文ではできるだけ**中立的な立場からの判断**が求められます。そのため，学習効果の場合は「高い／低い」のような表現を用いるほうが適切だと考えられます。

　このパラグラフは⑤の文章で終わっていますが，**研究の目的**を思い出してください。仮説の検証やそれに関する現象の解明が大きな目的であったはずです。実験結果を示して終わるのではなく，得られた結果にもとづいて**研究の目的に対する答え**を提示する必要があります。

❻ 2つめのパラグラフは，「今回は仮説を支持することができた。」と始まっていますが，「本研究結果は，仮説を支持した。」とするほうが論文的な書き方になります。「今回は」「…できた」などは口語にあたるので，論文での使用は避けるべきです。

❼ この文章では，「うまく仮説を検証できない」という言葉が不適切です。仮説は支持されるか，されないかのどちらかです。そのため，仮説を検証できないという言葉は，実験計画に問題があったように受けとられる可能性があります。実験計画において大きな問題がなかったとすれば，「逸脱回数のデータは仮説を支持しなかった」と書くべきでしょう。

❽ 続く文章では，逸脱回数において仮説を支持しなかった原因を考察しています。この文章における「データとして正確ではないかもしれない」という表現は口語的な書き方です。そのため，「逸脱回数は指標としての信頼性に欠ける。なぜなら…」のように書き換えるほうがよいでしょう。またこのような考察をおこなう場合には，必ず根拠を一緒に提示し，単なる憶測ではないことを示す必要があります。

❾ 最後の文章では，これからの研究の展望が示されています。ただし，「集

> ステップ1 | とりあえずカタチにしよう

中力を考慮…」では具体性がないため，考察としてあまり意味がありません。せっかく書くのであれば，「参加者の集中力を統制するために○○といった条件を用意して比較する必要がある」などと記述し，対応策まで説明するほうがよいでしょう[25]。

---

[25] ここで挙げた集中力の例は，あくまで書き方の例として示しており，考察に書く内容としてはあまりよい例ではありません。集中力を保てるように実験をおこなうのは，実験後に振り返るまでもない，あたり前の内容です。ただし，実験のパラダイムとしてどうしても集中力が落ちてしまう…というパラダイムに対してであれば，解決案を提示することは意味があるでしょう。

1.9 引用文献

引用とは，先行研究の内容（理論・実験方法・結果・主張など）を紹介したときに，その内容は自身がおこなったものではなく，オリジナル（原典）があることを明示するために使用されます。先行研究には，自身の主張を支持するもの，対立するもの，あるいは直接的には関連ないけれど紹介すべきものなど，さまざまなものが含まれます。自身の主張を支えるためには，そのようなさまざまな先行研究を探しだし，根拠として使用する必要があります。根拠がない主張は妥当性に欠け，論文に含めることはできません[26]。

図1-17　引用は自分の主張を支えるためにおこなう

1.9.1　文中で引用をおこなう

引用の仕方には，厳密なルールがあります。たとえば論文中では，先行研究の内容を引用した時点で，その出どころ（出典）を示す必要があります。これを文中引用といいます。文中引用には，以下のような例があります。

> **文中引用の例**
>
> 例1：Marr（1982）では，システムの情報処理を理解するには3つの解析のレベルがあるとした。

---

[26] 論証については3.1.1を参照してください。

> 例2：システムの情報処理を理解するには3つの解析のレベルがあるとされる（Marr, 1982）。

　1つめの例は，論文や本の**著者の名前の後ろに公刊年を括弧**でつけるというパターンです。この場合には，その文献を主語にしてどのような内容が記されているのかを示す形になります。2つめの例は，**文章の後ろに著者の名前と公刊年を括弧**で記すパターンです。この場合には，文献で記されている内容を第三者的な視点から示す形になります。どちらのパターンを使用すべきかについては，とくに決まったルールがあるわけではないため，自身の書き方のスタイルに応じて使い分けてください。科学論文では，一般化された事実および自身で考えだしたこと[27]以外はすべて引用をつける必要があります。

1.9.2　文献リストを作成する

　文献を引用する際にはもう1つ必ずおこなわなければならないことがあります。すなわち，論文の最後のセクションで，文中で引用した<u>文献をリスト化</u>する作業です。文中においても引用文献においても，その書式は論文が掲載される雑誌ごとに異なります。心理学演習の場合は**アメリカ心理学会（APA）**および**日本心理学会**が定めている書式に従うことが一般的です、そのため，本書ではそれらに従った書式を紹介します。

　以下に，引用文献の記載に関する重要なルールを示します。ほかにも著者が複数の場合や，分担執筆の場合など，さまざまな場合があります。ここでは書式のルールすべてを紹介しきれないため，詳しくは「執筆・投稿の手びき」（日本心理学会）を参照してください。

> A. 先頭の行はインデントなしで，2行め以降からインデントをおこなう。
> B. 筆頭著者名のアルファベット順（ABC順）に文献を並べる。日本語の文献の場合は，著者名をローマ字表記にした場合の順序で並べ

---

[27] 自分で考えだしたことでも，それを誰かが自分より前に公開していた場合には，その文献を引用する必要があります。

C. 論文の場合には，著者名，刊行年，論文のタイトル，雑誌名，巻数と号数，ページ番号（始まりの番号-終わりの番号）の順に記載する。巻数はイタリック体で表記し，外国語文献の場合には雑誌名もイタリック体で表記する。
D. 日本語書籍の場合には，著者名，刊行年，書籍のタイトル，出版社名の順番に記載する。外国語書籍の場合には，著者名，刊行年，書籍名，出版地，出版社の順番で書く。書籍名はイタリックにし，出版地と出版社のあいだはコロン（:）で区切る。
E. それぞれの要素の間には半角スペースを挿入する。

引用文献の例

von Holst, E. (1954). Relations between the central nervous system and the peripheral organs. *British Journal of Animal Behavior, 2,* 89-94.

Itaguchi, Y. & Fukuzawa, K. (2013). The effect of aborting ongoing movements on endpoint position estimation. *Experimental Brain Research, 231*(3), 341-350.

Itaguchi, Y. & Fukuzawa, K. (2014). Hand-use and tool-use in grasping control. *Experimental Brain Research, 232*(11), 3613-3622.

板口 典弘・福澤 一吉（2015）. 加齢による単語認知・産出および語彙ネットワークの変容　老年精神医学, *26*(5), 541-549.

Itaguchi, Y., Yamada, C., & Fukuzawa, K. (2015). Writing in the air: contributions of finger movement to cognitive processing. *PLoS ONE, 10*(6): e0128419.

川人光男（1996）. 脳の計算理論　産業図書

Rosenbaum, D. A. (2010). *Human Motor Control.* San Diego: Academic Press.

Vallbo, A. B. (1974). Afferent discharge from human muscle spindles in noncontracting muscles. *Acta Physiologica Scandinavica, 90*(2), 303-318.

> **ステップ1** | **とりあえずカタチにしよう**

引用文献のダメな例

川人 光男（1996）脳の計算理論　産業図書

　Vallbo, A. B. 1974 Afferent discharge from human muscle spindles in noncontracting muscles. *Acta Physiol Scand*, 90, 303-318.

　von Holst E. (1954). Relations between the central nervous system and the peripheral organs. British journal of animal behavior,2, 89-94

ここをなおそう!

　パッと見るとダメな例も綺麗に整えられている感じがしますが，いくつか間違いがあります。上の正しい例と直接比べれば間違いをみつけるのは簡単ですが，自分で作成しているときにみつけるのは難しいかもしれません。まず注意すべき点は，文献の並んでいる順番です。引用文献は，筆頭著者名のABC順に並べる必要がありますが，この例ではバラバラになっています。von Holstのように，称号が名前の前についている場合は，その称号を外して考える必要があります。そのため，von HolstはvではなくHを基準として考えなくてはなりません。川人はアルファベットにするとKawatoになるため，von Holst, Kawato, Vallboの順に文献を並べなければいけません。

　また，2つめと3つめの引用文献では，1行めの先頭に不要なインデントがおこなわれています。しかし引用文献では，インデントは2行め以降に必要になります。このように，引用文献の項では，論文の本文とは異なる書式の設定が必要になるため，注意が必要です。

　さらに細かいところを見ていきましょう。1つめの引用文献は，年号のあとにピリオドがありません。2つめの文献は，年号が括弧で囲まれていません。また，雑誌名が省略された形になっています。APAおよび日本心理学会の書式では，省略された雑誌名は用いません。3つめの文献では，名前とイニシャルの間（HolstとE）にカンマが抜けています。さらに，雑誌名と巻数がイタリックになっていません。また，非常にわかりにくいですが，雑誌名のあとのカンマと巻数の間に半角スペースがなく，ページ数の最後にはピリオドがありません。これらは非常に細かくて瑣末な問題ですが，この書式に慣れている人

からすると，その間違いは一目瞭然です。無駄な減点がないように，レポートの最後まで気を抜かないようにしましょう。

コラム

引用と剽窃

　引用とは，自分ではない他者の意見や発見を自身の論文中で述べるときに，その出所（出典）を明らかにすることです。なぜそんなことをおこなうかというと，意見・表現・主張・結果は，知的財産であるためです。出典を示さずに他人の文章をコピーして提出したら，それは立派な窃盗です。学術の世界ではそのような行為を剽窃とよびます。たとえ心理学演習などの授業のレポートであっても，それは知的な創作物です。そのため，守られる権利は発生しますし，適切な引用をせずに意見や知見の転用をすれば，それは他者の権利を侵害したことになります。

　また，演習のレポートでは，教員はその分野の論文を多く読んでいますし，学生はたいてい限られた文献を参考にするため，意見や表現の剽窃は必ずバレます。文章の元ネタがある場合には，適切な引用をしてください。また，引用する論文をみつけるきっかけはインターネットでも構いませんが，必ず原典を読んだうえで，原典を引用しましょう。授業で配布されたレジュメの文章をコピーする学生もいますが，これも指示がない限りはやってはいけません。優れた文章であれば真似したくなるでしょうが，できるだけオリジナルの文章を書く努力をしましょう。皆同じ内容を書いているからこそ，自身で考えた文章やアイデアは評価に値します。

　剽窃の罪の重さは，自身の意見・表現・知見を盗まれない限り，なかなかわからないかもしれません。しかし，自分の時間と労力をかけてつくりだしたアイデアを，ほかの人が盗んで発表したら，あなたはどう思うでしょうか？　学術的な研究は片手間でおこなわれるものではありません。職業として，あるいは人生をかけて成し遂げられるものです。1つの論文が出版されるまでに何年もかかることも珍しくありません。また，自身の意見のオリジナリティを明確に示すためにも，引用は非常に重要です。

1.9　引用文献

ステップ 1　とりあえずカタチにしよう

とはいっても，文章を書くときに，自身が読んだ文献や，授業のレジュメに表現が似てしまうことは往々にしてあるでしょう。このような場合には，剽窃とは判断されないまでも，「写している」「楽をしている」と判断されてしまうかもしれません。そのような事態を起こさないための工夫としては，**文章を書くときには他者の文章を一切見ないで書くことが**効果的です。他者の表現を見ながら文章を書くと，どうしてもそれに引きずられてしまいます。書いている最中に定義や表現に困った場合でも，とりあえずはまとまった量を書き切ってしまいましょう。そのあとで，文献を参照して適切な表現に修正すればいいのです。そしてそのような場合には，もちろん，引用が必要ですね。

ステップ 2
内容を改善しよう

Try to put well in practice what you already know;
and in so doing, you will in good time,
discover the hidden things which you now inquire about.
―― Rembrandt van Rijn

内容を改善しよう

　ステップ1では論文の基本となる"型"を学ぶため，書式，レイアウト構成，各セクションにおける文章の流れなどについてひととおり説明をおこないました。実験レポートでは，これらの決まりごとをきちんと守って書けているかどうかが採点の大きなポイントとなります。したがって，ステップ1の書き方に従って書くことができれば，レポートの最低限の要件は満たせたといえるでしょう。ただし，これらは非常に基本的な部分であって，論文としてはあくまでスタートラインに立ったにすぎません。

　型が身についたあとで差がついてくるのが"内容"です。ここでいう内容とは，文章のうまさという意味ではなく（もちろん文章がうまいことに越したことはありませんが），書くべきことをきちんと書けているかということを意味しています。しかし，内容は型に比べて書き方の自由度が高いため，書き慣れていないうちはどこに手を加えたらよいかわからないことが多かったり，あまり重要でない部分に文章を費やしてしまうことも少なくないでしょう。

　そこでステップ2では，論文を書くうえで押さえておくべき5つのポイントを紹介し，解説していきます。各ポイントの中身と該当するセクションは以下のとおりです。

2.1　先行研究を調べて紹介しよう（問題セクション）
2.2　先行研究の問題点を指摘し，検証方法を示そう（問題セクション）
2.3　目的をどうやって達成したのかを説明しよう（方法セクション）
2.4　検定結果をわかりやすく記述しよう（結果セクション）
2.5　目的に対する答えを提示しよう（考察セクション）

　これらのポイントは，ステップ1で示した書き方の延長に当たる話である

ため，ステップ1の内容も必要に応じて確認しながら読み進めるようにしてください。

2.1　先行研究を調べて紹介しよう

　心理学に限らず科学の分野における研究の目的は，新しい事実の発見や理論の構築にあります。研究の成果が新規なものであるかどうかは，過去の研究との比較によって明らかとなるため，先行研究を引用してこれまでにわかっていることを説明し，今回の研究で新しくわかったことが何なのかを示す必要があります。ここでは，先行研究を文中でどのように紹介するのか，その具体的な書き方について解説していきます。

▶ 2.1.1　一般的な話から細かい話へ

　先行研究の紹介のしかたに入る前に，まずは研究の背景の書き方について解説しておきましょう。問題セクションの最初のパラグラフ（導入部）では，今回の研究で扱う現象やその意義について読者にきちんと理解してもらうため，研究テーマの背景について説明をおこないます。背景とは，研究がおこなわれることになった経緯のことで，その研究が現実のどのような事柄と関係していて，なぜそのような研究をおこなわなければならないのかをわかりやすく示すことが重要となります。そのため，いきなり具体的な研究内容について説明をするのではなく，なるべく大きな話から始め，次第に細かい話へと話題を進展させるように心がけてください。

　たとえば錯覚などの知覚現象がテーマであれば，特定の錯覚の紹介から入るのではなく，まずは外界の情報の認識が人にとってどのように重要なのかを始めに説明します。次に，人の認識が必ずしも物理的な世界とは一貫しないことを述べたうえで，具体的な錯覚の内容について説明をするとよいでしょう。このとき，身近な事柄と関連した例を挙げながら説明をおこなうことでイメージがつかみやすくなり，論文の理解をより一層深めることができます。以下に，反応時間を扱った研究での背景の書き方の例を示します。

> ステップ2 　内容を改善しよう

導入の書き方の例

　私たちは日常のなかでさまざまな刺激を受けとり，それらに応じて適切に反応をおこなっている。たとえば，赤信号で立ち止まったり，会釈を返したり，近づいてくる物体を避けたりする。これらの反応は，刺激を受けとってすぐに生じるように思われるが，実際には刺激の認識や行動の選択などの心的な処理を経ており，反応が生じるまでには少しの時間を要する。このような刺激の入力から行動が生じるまでの時間は反応時間とよばれ，心的な処理の速さや処理の効率を測る指標と考えられている。

一般的な話
・首を傾けても，文字が読める
・エスカレーターが止まっていると違和感を感じる

具体的（専門的な）な話
・視覚的文字認識の傾き独立性
・内部モデルによる予測的な姿勢調整

図2-1 心理学的な現象の紹介における導入

　上記の導入の例では，内容が大きなものから小さなもの（研究のテーマ）へと段階的に進んでいくことがわかります。具体的には，「誰もが経験している一般的な現象」→「その不思議なところや，背後にありそうなメカニズム」→「今回扱うテーマ」という流れで記述されています。上記の例では，具体的に「赤信号で立ち止まるのが一瞬遅れる」→「反応が生じるまでには心的処理が介在しており，じつは時間がかかっている」→「反応時間」という流れがそれぞれの要素に対応しています。心理学実験で検討するテーマそのものは，通常小さいレベルにあります。わかりやすく，魅力的な導入を書くためには，そのテーマをいったん拡大して，日常体験へ結びつけることが重要です。より広い観点から自身でおこなった研究をとらえることによって，

研究の意義やおもしろさを確認することもできるでしょう。さらに，このような視野をもつことは，関連する先行研究をみつける際にも非常に役に立ちます。

　研究の背景では，一般的な事実についての説明もおこなわれるため，特定の研究を必ず引用しなければならないわけではありません。ただし，先行研究の主張や結果を根拠にして背景を説明する場合には，該当する研究を必ず引用しておく必要があります。

2.1.2　先行研究の調べ方

　さて，これで研究の背景が書きあがりました。次はいよいよその背景をもとに，これまでどのような研究がおこなわれてきたのかを記述していきます。ただし，その前に先行研究のリサーチが万全かどうか確かめておく必要があります。図2-2に示すように，文献にはさまざまな種類がありますが，心理学の分野ではおもに**学術雑誌に掲載された論文**を先行研究として扱います。とくに特定の実験の内容について紹介する場合は，その結果を最初に報告した**原著論文**[1]を引用します。ただし，学位論文や一般書などの文献も，過去にどのような研究がおこなわれてきたのかを調べる際には有用です。

学術論文	書籍	その他
・雑誌論文 学術雑誌に審査のうえ掲載された論文。新たな知見を報告した原著論文と，先行研究をまとめたレビュー論文がある。 ・学位論文 学位の要件として書かれた論文。卒論，修論，博論などの種類がある。 ・紀要論文 大学などの発行する機関誌に掲載された論文。	・一般書 研究内容を一般向けにかみ砕いて解説した書物。 ・専門書 研究内容を専門家向けに詳しく解説した書物。	・会議録 学会発表の内容を記録した文書。 ・科学雑誌記事 一般向けの科学雑誌に掲載された研究紹介記事

通常，論文で引用するのは雑誌論文と専門書！

図2-2　文献の種類とその内容

1　原著論文（Original article）とはオリジナルの実験を実施してその結果をもとに考察をおこなっている論文のことです。このほかにも，総説（Review）などの論文の形式があります。学術雑誌に掲載されていれば，総説も引用可能です。総説では，自身の新しい実験データは載せないことが一般的で，ある特定のテーマに関するさまざまな先行研究を集めて紹介し，考察をおこないます。

ステップ2 | 内容を改善しよう

　図2-3は，研究テーマが決まってから先行研究の引用にいたるまでの過程を示しています。すでに先行研究や関連する文献がわかっている場合には，大学の図書館で文献を複写したり，インターネット経由で電子ファイルを手に入れたりして内容を確認し，引用をおこないます。しかし，これまでにどのような研究がおこなわれているのかを把握できていない場合には，まず興味に合致した先行研究をみつけるところから始める必要があります。先行研究を探す方法はいくつかありますが，以下では，図書館やデータベースを用いて先行研究や関連する文献を探す方法について具体的に解説していきます。

図2-3 先行研究を引用するまでの過程

図書館で関連書籍を探す

　大学の図書館には，心理学に関するさまざまな一般書や専門書が所蔵されています。とくに専門書には，特定の研究テーマに関する重要な知見がわかりやすくまとめられているため，研究の背景や関連論文を調べるうえでは非常に役に立ちます。大学の図書館のホームページには，ほとんどの場合，蔵書検索システムが導入されています。このシステムを使うと，キーワードを入力して簡単に蔵書を検索することができます。ただし専門書であれば何でもよいというわけではありません。ひとつの目安としては，学術雑誌と同じように，引用文献や参考文献がきちんと示されている本が，とくに信頼できる本であると思ってよいでしょう。そしてその本を読んでいて，気になる研究をみつけた場合は必ず原典をあたり，内容を確認してから引用をおこなうようにしましょう。

文献データベースを利用する

　文献データベースとは，膨大な数の学術論文や会議録などの文献データを

2.1 先行研究を調べて紹介しよう

収録・管理し，検索できるようにしたものです。だいたいのものはオンラインで利用できるため，自分の興味のあるテーマに合致した文献を容易にみつけることができます。また近年では学術雑誌のほとんどが電子化されており，論文自体も紙媒体ではなくインターネット上に有料または無料で公開されています。データベースにはこのような公開サイトへのリンクも張られているため，検索してみつけた論文にすぐアクセスすることが可能です。国内外でさまざまなデータベースが提供されていますが，収録されている雑誌や利用可能な場所はそれぞれ異なっており，用途によって使い分ける必要があります。心理学関連の文献の検索によく使われるデータベースについては，以下のようなものがあります[2]。

Web of Science トムソン・ロイター社が運営する文献データベース。英文国際誌に掲載されている学術論文を検索でき，研究分野などで検索結果を絞り込むことができます。また論文の被引用数（ほかの論文で引用された回数）も表示されており，その論文の影響度についても知ることができます。契約された大学の学内でのみ利用可能です。

Scopus エルゼビア社が運営する文献データベース。英文国際誌に掲載されている学術論文や会議録を検索できます。さまざまな分野の文献が広くカバーされており，収録数は世界最大級とされています。契約された大学の学内でのみ利用可能です。

PsychINFO アメリカ心理学会が制作した文献データベース。心理学関連の英語文献が幅広く収録されています。キーワード検索だけでなく詳細検索も可能ですが，使いこなすには慣れが必要です。論文だけでなく，書籍や博士論文の情報も収録されています。契約された大学の学内でのみ利用可能です。

PubMed 米国国立医学図書館の提供する文献データベース。医学関係の英語文献を中心に収録しているものの，心理学分野の論文も十分に検索でき

---
[2] 効率的な検索の方法についてはp.73のコラム「先行研究の効率的な探し方」で解説します。

Google Scholar Google社の提供するデータベースの学術版。英語文献だけでなく日本国内で発行された論文も検索できます。容易に利用できる反面，キーワード検索でヒットした文献の順序がキーワードとの一致度とは関係ないため，非常にあつかいづらいシステムです。検索に慣れていない人は使用を避けたほうが無難でしょう。

J-STAGE 科学技術振興機構が運営する電子ジャーナルサイト。国内の学協会が発行している論文誌が電子化されてインターネット上に無料（一部有料）で公開されています。心理学関連では，『心理学研究』や『認知心理学研究』，『教育心理学研究』などに掲載されている論文を閲覧することができます。

CiNii Articles 国立情報学研究所が運営する文献データベース。国内で出版された学術雑誌などを検索することができます。J-STAGEや機関リポジトリに収録されている文献も登録されており，リンクから公開サイトへ移動することができます。国内文献に限れば，初学者にはもっとも使いやすいと思われます。

2.1.3 先行研究の紹介のしかた

　関連する先行研究がみつかったら，それらを論文中で引用して紹介しましょう。先行研究を引用する際は，その研究の結論や主張のみを要約して説明することが一般的です。しかしながら，自分の研究と直接関係する重要な先行研究に関しては，結論だけではなく，結論を導く根拠となった方法や結果についても説明するほうがよいでしょう。方法や結果について説明する場合は，具体的な数値や細かい点などは記載せずに，内容の把握に必要な部分のみを簡潔に示すようにしましょう。

　複数の先行研究を引用する際に，それらの結果が一貫していて，細かい違いがあまり重要でない場合には，それぞれの内容を1つずつ詳細に説明する

のは得策ではありません。それだけで多くのページを費やしてしまい，逆に読みやすさを損ねてしまう可能性があります。そのような場合には，共通する内容についてあらかじめ説明をおこない，**関連する先行研究を複数引用したうえで，代表的なものについてのみ詳しい内容を紹介する**という方法をとることが一般的です。

> **先行研究の書き方の例**
>
> 　反応時間は，刺激の呈示される空間的位置に影響を受けることが知られている（Simon & Rudell, 1967; Wallace, 1971）。たとえばWallace（1971）は，丸と四角の二種類の図形を用い，丸が画面に呈示された場合には左側のボタンを，四角が呈示された場合には右側のボタンを使って素早く反応するように実験参加者に求めた。その結果，図形の形にかかわらず刺激が画面の右側に呈示された場合には，左側のボタンよりも右側のボタンで反応するほうが反応時間が短かった。いっぽうで，刺激が画面の左側に呈示された場合には，右側のボタンよりも左側のボタンで反応するほうが反応時間が短かった。この結果は，刺激の位置と反応の位置の空間的適合性が反応時間に影響することを示唆している。

2.1.4　特殊な文献引用方法

直接引用

　先行研究の引用は，**内容を要約し，自分の言葉におき換えておこなう**のが一般的です。しかし，原典の表現自体が重要であったり，原著者の意図を誤解のないように伝えたいなどの理由により，**原文の記述をそのまま引用して論文に記載する**ことがあります。このような引用のしかたを直接引用といい，自分の文章との混同を避けるため，引用符（「　」）で囲んでもとの文章を改変せずに正確に書き写します。また引用文の末尾には論文の著者名・刊行年だけでなく，該当の文章が掲載されているページを記載し，どの箇所から転記したのかを読者が判断できるようにします。ただし，くり返しますが，直接引用は先行研究の文章をそのまま載せなければいけない理由がある

場合のみ使用するものです。心理学演習のレポートのなかには，文章量を増やすためだけに直接引用を頻繁に使用しているものも散見されますが，そのような使用法は絶対に避けてください。

> **直接引用の書き方の例**
>
> 例1：心理学とはいわば，「…に関する学問である」（板口，2014，pp. 12-13）。
> 例2：山本（2015）はこの点について，「…が重要である」（p. 21）と述べている。

孫引き

　先行研究で引用されている文献を自分の論文でも引用したい場合は，その文献を検索して内容を確認してから引用をおこなわなければいけません。原典を確認せずにそのまま引用してしまうと，もし内容が誤って引用されていた場合にその間違いに気づくことができず，誤りをさらに拡散してしまうことになります。一方で，原典がすでに絶版となっていて入手が難しかったり，日本語や英語以外の言語で書かれていたりして内容を確認できない可能性もあります。そのような場合は，その原典を引用している文献を一緒に記載し，孫引きであることがわかる形で引用をおこなってください。

　ただし，**孫引きは学術雑誌や学位論文などでは基本的に認められていません**。なぜなら，引用に関する責任の所在が分散してしまうためです。これは先ほど説明した，間違いの拡散に関する問題を考えても明らかです。論文を執筆してそれを公開する以上，書かれたものに関する責任は著者がすべて負わなければいけません。孫引きはこの責任を果たしていないということになります。また，レポートを採点する立場からすると，「原典を探すのをサボったのかな」ととらえられるかもしれません。このような背景があるため，特別な理由がない場合は，孫引きはおこなわないようにしましょう。

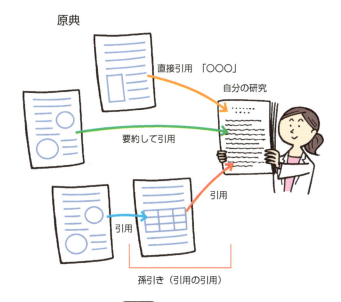

図2-4 引用の種類

> ### コラム
>
> ### 先行研究の効率的な探し方
>
> 論文ではできるだけ**信頼できる文献**を引用しなければなりません。極端な例を出すと，学生が書いたレポートと，研究者が書いた論文では，後者のほうが信頼できる文献であり，そちらの記述や主張を引用するほうが間違いは少ないはずです。このように，引用する文献は，書籍や論文であれば何でもよいわけではなく，必ず内容を吟味したうえで，引用するかどうかを決めなければいけません。
>
> しかしながら，何の手がかりもなく信頼できる文献をみつけることは難しいでしょう。そこで，信頼できる文献を探すいくつかの方法を紹介します。
>
> #### 1.「引用文献」をチェックする／総説（Review）論文を読む
> これがもっとも現実的で楽な方法です。まずはキーワード検索で自身の興

味にあったできるだけ最近の文献をみつけます。その文献をよく読んだうえで，その論文で引用されている重要そうな研究をチェックしていく，という方法です。引用文献には論文タイトルが記載されているので，本文における紹介のされかたを考慮して，自身の研究に関係の深い文献を探すことができます。このように文献検索をおこなうと，芋づる式に大量の論文をみつけることができます。

2. 先行研究を引用している研究をチェックする

この方法は方法1と逆のアプローチです。Web of ScienceやGoogle Scholarなどの検索システムでは，特定の論文を"引用している"論文もリスト化されています。このリストを用いれば，その論文以降の似たようなテーマの先行研究を探すことができます。ただし，この方法でみつけることのできる文献の内容は幅広くなりがちです。そのため，あるていど検索に慣れないと自身の興味のある文献をみつけるのは難しいかもしれません。

3. 被引用数をチェックする

被引用数とは，ある特定の論文が出版されて以降，どのくらいの論文に引用されたかを示す回数です。つまり，被引用数が多いほど，有名な論文ということになります。有名な論文は何かしらの理由で優れているケースがほとんどであるため，被引用数の高い論文を優先的に読むことには意味があるでしょう。しかしながら，逆は必ずしも正しいとは限りません。つまり，少ない引用数でも優れた論文はたくさん存在するため，その点に注意を払って文献を探す必要があります。

4. 雑誌の"格"をチェックする

学術雑誌はだいたいのランクづけがされています。そのため，ランクの高いものから優先的に読む，というのも1つの方法です。学術雑誌のランクはその雑誌に掲載されている論文の被引用数と関係しているため，この方法は方法3と似たような考え方です。

ただし，このような考え方では，日本語雑誌のランクはとても低いのが実状です。なぜなら，日本語を読めるのはほぼ日本人だけであり，外国の研究者は日本語論文を読んで引用することができないためです。しかし，必ずし

も日本語の雑誌に掲載されている論文の質が低いということはありません。ただし雑誌の競争力という点では英語雑誌とは差がついてしまっています。雑誌の格はあくまで参考程度に考えて，最終的には，できるだけ多くの文献を読んで内容を比較し，**引用に値する論文かどうかを判断しなくてはいけません**。

5. 検索キーワードを工夫する

　キーワード検索をしても，なかなか目当ての文献が見つからないという場合は，検索に使用するキーワードが適切でないのかもしれません。学術論文では，文章に専門的な用語が用いられているため，一般的な用語でそのまま検索してもみつかりません。たとえば，「コミュ障」について調べたいときは「内向性・外向性」「対人関係」「不安」「適応障害」，「イケメン」について調べたいときは「魅力」「顔認知」「表情」など，関係しそうな内容の専門用語に置き換えて検索をおこなう必要があります。

　また，「髪の色による魅力の違い」などのように，文をそのまま検索に用いるのではなく，重要な単語のみを抜き出してキーワードとすることも効果的です。複数のキーワードをスペースで区切って検索すれば，文献をより絞り込んで探すことができます。とくに，「知覚」や「認知」というキーワードを加えると，心理学に関連する文献がヒットしやすくなるので，ぜひ試してみてください。

ステップ2 | 内容を改善しよう

2.2　先行研究の問題点を指摘し，検証方法を示そう

　問題セクションの後半では，セクションの前半で述べた研究の背景や先行研究をふまえて具体的な問題提起をおこない，研究の目的や仮説へとつなげていきます。そのため問題提起は，過去の研究と現在の研究（執筆している論文）との間の橋渡し的な役割を担っており，論文のなかでも非常に重要な位置を占めています。しかし慣れないうちは，先行研究のどこをどのように批判したらよいのかわからず，悩むことも多いのではないかと思います。ここでは，先行研究のどのような部分を問題として指摘し，その検証方法を述べていくのかについて解説していきます。

2.2.1　問題の設定のしかた

　問題提起というと，先行研究の誤りを指摘すればよいと思われるかもしれませんが，必ずしもそうではありません。そもそも，実際に出版されている学術論文の多くは，**厳格な審査を経たうえで掲載されています**[3]。そのため，明らかな誤りというものはほとんど存在しないのです。では，どのような点が問題として設定されうるのでしょうか。先行研究では，大きな問いに対する答えを導くために，いくつもの小さな問いが立てられて検証がおこなわれています。その過程のなかで，**A** 問いに対する検証の方法に疑問があったり，**B** 検証の対象とされてきた集団が偏っていたり，**C** 検証が十分でない問いが残されていた場合に，それらを先行研究の問題として提起することができます。ただし，どのような問題でも提起していいというわけではありません。今回の研究をおこなうモチベーションとなり，かつ，今回の研究で（すべてではなくても）解決の対象となった点が問題として挙げるべき内容です。そのような問題を設定するためには，今回の研究と先行研究の違いについてきちんと理解し，自分の研究の位置づけを明確にしておかなければいけません。もちろん研究の内容によって違いの種類や程度はさまざまですが，問題設定にはおもに以下のような3つのケースが考えられます。また，

---

[3] このプロセスを，査読（Peer review）とよびます。学術雑誌に掲載される論文の多くは，関連領域を専門とする複数の研究者によって査読を受け，必要に応じて内容を修正し，出版されます。さらに，査読のプロセスによって掲載を拒否されることがあります。掲載拒否（Reject）の確率は一流の国際雑誌ほど高くなります。たとえば，有名なNature誌の掲載拒否率は90％以上といわれています。

これら3つのケースはそれぞれ相反するものではなく，実際の論文は3つのケースを組み合わせた問題設定になります。

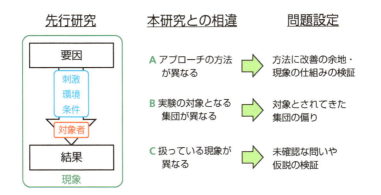

図2-5　問題設定のパターン

A　アプローチのしかたの違いに着目する

　このケースは，先行研究で確認された現象を，先行研究とは異なる刺激や手続きなどを用いて検討する研究にあてはまります。このような研究では，**先行研究で用いられた方法に改善の余地がある**ことが研究のモチベーションとなっていることが想定されるので，その方法にどのような問題が考えられるのかを指摘し，その問題を克服するために今回の研究ではどのような方法を用いたのかを説明することが必要となります[4]。また，**現象のメカニズムについて検証する**ために，新たな方法を用いて検討をおこなうこともあります。その場合には，現象のメカニズムについてほかの解釈の余地があることを指摘し，その可能性の検証をおこなううえで今回の研究の方法が適しているということを説明するのがよいでしょう。

B　実験の対象者の違いに着目する

　このケースは，文化間の差異や発達による変化など，**個人差の影響を調べる研究**にあてはまります。このような研究の場合には，先行研究で特定の集団のみが実験の対象となっていることを問題点として提起し，異なる集団で

---

[4] 先行研究の間で結果や主張が一貫しない場合，研究間で検証方法が異なることが原因である可能性が考えられます。このような食い違いを解決する目的で，アプローチのしかたの違いに着目して問題設定をおこなうこともあります。

実験をおこなう必要性を主張するような流れが考えられます。ただし，なぜ異なる集団でおこなう必要があるのかを示すために，扱っている現象が対象となる集団の性質に強く影響を受けると考える根拠をあわせて述べることが重要となります。たとえば，表情における感情の表出のしかたについて文化間比較をする研究をおこなう場合は，感情の伝え方や受け取り方に関して文化間で違いがあることを示唆している先行研究を引用することで，そのような研究をおこなう意義を主張することができます。

C 現象そのものの違いに着目する

このケースは，同じ現象を扱った先行研究がなく，**著者が自身の考えや先行研究をもとに立てた問いや仮説を新たに検証する**ような研究にあてはまります。このような研究の場合には，まったく同じ現象をあつかった先行研究は存在しないため，自分の研究であつかう独立変数や従属変数と同じものを検討した研究を引用します。そのあとで，検証が十分でない問いが何であるのかを，根拠を示しながら指摘していきます。たとえば，美しい絵画を鑑賞している間は時間の進み方が速くなるという仮説を立てた場合には，まず，これまでに時間の感覚がどのような独立変数の影響を受けることが明らかとなっているのか，また美的印象がどのような心的処理と関連しているのかを説明します。さらに，美的印象が時間の感覚に影響すると考える根拠を示しながら，この点に関する検証が十分におこなわれてこなかったことを問題として提起します。

2.2.2 批判と非難は違う

提起する問題が明らかとなったら，それをとりあげて批判をおこないます。批判というと，先行研究の悪いところを単に責め立てればいいようなイメージがあるかもしれませんが，それは非難であって批判ではありません（図2-6）。批判とは，**物事の誤りを正す**ところに本質があり，責めること自体が目的ではないのです。そのため先行研究の批判をおこなう際は，どのような問題点があるのかを指摘するだけでなく，それに対してどのような改善策が考えられるのか，またそれによって何が明らかとなるのかを論じるようにしてください。

図2-6 非難と批判の違い

　また，批判の際にはきちんと**根拠を示し**，**客観的に意見を述べていくこと**が重要になります。たとえば，「先行研究はこういっているが，私はこうだと思う」，といった形で文章を書いてしまうと，単なる主観的な意見となってしまい，批判に説得力がありません。説得力をもたせるうえで大切なのは，その意見が個人的な憶測によるものではなく，客観的な理由があることをきちんと示すことです。そのためには，**同じ主張をしている文献を引用し**たり，**具体的なデータを示し**たりすることが有効な方法になります。このように，先行研究にどのような問題があるのかを根拠を明らかにしながら客観的な立場から主張をおこなう文章を，論理的な文章とよびます。論理的な文章の書き方については，3.1で解説します。

問題提起の書き方の例

　これまでの研究では，おもに刺激が反応と同じ側に呈示される適合条件と，反対側に呈示される不適合条件の2つの条件における比較から，適合性が反応時間に及ぼす影響について検討がおこなわれてきた。しかし，適合・不適合条件の2つの条件の比較だけでは，反応時間の相対的な違いしか検討できない。そのため，適合する場合に反応が促進されて速くなっているのか，不適合の場合に反応が阻害されて遅くなっているのかを区別することが難しい。そこで本

研究では，適合性の影響を受けにくい画面中央に刺激が呈示される条件を統制条件として加えて比較をおこない，空間的適合性が反応時間にどのような影響を及ぼしているのかを検討した。

問題提起のダメな例

これまでの研究では，おもに画面の左側と右側のみに刺激を呈示して実験がおこなわれており，画面の中央にも刺激を呈示した実験はあまりおこなわれていない。そこで本研究では，画面の右側と左側に加えて，中央にも刺激を呈示し，刺激の位置と反応の位置の空間的な適合性が反応時間へ及ぼす影響を検討する。

ここをなおそう！

上の例では，先行研究で検討がおこなわれていないことだけが問題点として挙げられており，その検討がどのような意味をもつのかは述べられていません。先行研究で実施されていないことをすることはもちろん重要ですが，新しい方法で検討したからといって，それが意味のある発見につながるとは限りません。むしろ，それが科学的にあまり意味のない検討であるため，これまでにおこなわれてこなかったという可能性も考えられます。そのため，「先行研究でやられていないからやってみた」ではなく，その検討をおこなうことで何が明らかとなるのかを根拠を挙げて説明し，研究にどのような意義があるのかを読者にわかりやすく示すことが必要です。

2.2.3 検証のしかたに触れる

問題提起（先行研究の批判）をおこなったあとは，それを**解決する方法を提示**しないといけません。つまり，今回の研究で何を目的とし，どのような方法でそれを達成するかを改めてわかりやすく記述する必要があります。冒頭で簡単に述べていたとしても，ここで研究の目的と検証する具体的な仮説

を，明確に述べましょう。目的と仮説を述べたあとは，実際に研究で使用する**実験手法**について簡潔に説明します。具体的な内容は方法セクションに詳しく記載するため，実験参加者の人数や試行数などの細かい情報については，ここで記述する必要はありません。ただし，少なくとも問題に対してどのようにアプローチしたのかについては，この段階で明らかにしておくほうがよいでしょう。とくに，どのような実験条件を設定して（独立変数），その影響を調べるために何を測定したのか（従属変数）については，必ず記載するようにしましょう。これらの情報は，どのように独立変数・従属変数の構成概念を**操作的に定義**[5]し，仮説の検証をおこなったのかを知るうえでとても重要な情報となります。

> **検証方法の書き方の例**
>
> 　本実験では，参加者は呈示される視覚刺激に対し，刺激に応じて割り当てられたキーを用いて素早く反応する課題をおこなった。このとき，刺激が反応キーと同じ側に呈示される適合条件と，反対側に呈示される不適合条件，反応にかかわらず中央に呈示される統制条件を設け，条件間で反応時間を比較した。

2.3　目的をどうやって達成したのかを説明しよう

　方法セクションでは，実験で実際に用いた手段や手法に関する情報を記載します。方法を記述する際に押さえておくべき点は，大きく分けて2つあります。1つは，ほかの研究者が**実験を正しく追試できるようにする**ことです。研究結果の正当性は，その結果が再現可能かどうかによって評価されますが，もし方法の記述が不正確であったり，詳細が記載されていなかったりすると，もとの結果を正しく再現できません。すると，**研究の結果自体が疑**

5　抽象的な概念を扱う際に，それがどのような操作（手段や手続きなど）によって測定可能かという観点から定義をおこなうことを，操作的定義といいます。たとえば緊張感を厳密に定義することは難しいですが，緊張感は心拍数の変化で測られるものであると操作的に定義することで，実験的に測定することが可能になります。操作的定義は，とくに実体をもたないものを扱う心理学では非常に重要で，どのような反応や行動を指標とするのかによって研究の善し悪しが左右されることもあります。また，その指標が構成概念を正しく反映できているのかという妥当性の問題を常にはらんでおり，経験とセンスが問われる部分でもあります。3.2.1の観察語と理論語の項も参考にしてください。

ステップ2 ｜ 内容を改善しよう

われてしまうことにもなりかねません。そのため，論文にはできる限り正確な情報を記載し，ほかの研究者がもとの実験とほぼ同じ条件で追試できるようにしておかなければいけません。

　もう1つは，実験がどの程度厳密な方法でおこなわれたのかを，読者が評価できるようにすることです。たとえば，実験で用いた刺激や質問項目をどのように選定したのか，また操作した独立変数以外に従属変数に影響を及ぼしうる要因（剰余変数）をどのように統制したのかといったことは，測定の信頼性や妥当性を評価するうえで重要な情報となります。しかし，実際に厳密な統制手法を用いていた場合にも，それを論文上でうまく表現できなければ読者に伝えることができません。そこで，厳密に測定した方法をどのように書いていくのかについて，以下で解説していきます。

2.3.1 刺激の選定基準を説明する

　実験で用いる刺激にはさまざまな選択肢があり，実験者はそのなかから自分で基準を決めて選定をおこないます。たとえば人の顔を刺激として用いる場合には，どのような人種，年齢，性別，表情の顔を用いるのか，また写真を用いるのかCGで作成された画像を用いるのか，といった選択肢が想定されます。そのため刺激を記述する際には，どのような刺激を用いたのかだけでなく，どのような基準でその刺激を選んだのかという選定理由についても述べる必要があります。このときのポイントは，その刺激を用いることでどのような剰余変数を統制できるのかという観点から記述をおこなうことです。たとえば，無表情刺激を用いることで，笑いや怒りなどの感情的な印象が実験の結果に及ぼす影響を統制することができます。また，写真ではなくCGを用いた場合には，陰影や光の当たり加減などの細かい特徴まで統制可能になります[6]。このように，どのような影響を統制する目的でその刺激を採用したのかを説明することで，読者に対して刺激の妥当性を主張することができます。

　研究によっては，先行研究との比較をおこなうという理由で，先行研究と同様の刺激が用いられる場合があります。その場合には，該当する文献を引用し，その方法に則って実験をおこなった旨を記載しておきましょう。ただし，どのような影響の統制がおこなわれているかについては，先行研究と同

---

[6] ただし，CGでは実物の顔の細かい特徴や現実感などが消えてしまうため，それが実験の結果に影響してしまう可能性があることに留意しなければいけません。

じ刺激を用いた場合にも記載する必要があります。

2.3.2 意識や態度を調べる

　研究によっては，実験参加者の意見・態度・主観的感覚などを，言語課題を用いて尋ねることがあります[7]。このような研究方法としては**質問紙法**が代表的です。質問紙法は複数の質問項目を組みあわせて心的事象を検討する方法です。このような質問項目は，**実験法における刺激とまったく同じよう**にとらえることができます。そのため，質問項目を用いる場合には，質問項目の具体的内容や項目に関する定量的なデータを示し，使用した質問紙（尺度）がきちんと**統制されていることを明示する**必要があります。

　具体的内容とは，実際に参加者に提示した文章です。項目があまり多くない場合には表にして「方法」セクションに記載します。一方で質問項目の分量が多い場合は，**付録（Appendix）**としてメインの論文構成要素のあと（引用文献のあと）に記載することが一般的です[8]。また，すでに先行研究で開発・使用されている質問項目をそのまま用いた場合には，その文献を引用することで，項目を記載する手間を省くことができます。ただし，英語の質問項目を自身で日本語に訳して使用したり，項目を抜粋して使用したりする場合には，**使用した質問項目を具体的に記載する**必要があります。

　次に，使用した質問項目にかかわる定量的なデータも示さなければなりません。質問項目が多い場合には，**因子構造**のような，質問項目どうしの関連性を表す情報（その質問紙がいくつの因子で構成されているのか，個々の質問項目はどの因子に含まれるのか，など）を示すことが重要です。さらに，項目の**妥当性**（質問項目がある概念を適切に反映しているか，あるいはほかの評価尺度や類似する概念などとの相関がとれているか）や**信頼性**（時間や評価者などによって回答が変動しないか）といった情報も記載する必要があります。先行研究があればそれらを適宜引用することで，その質問項目を使用した正当性はある程度担保されます。しかし，先行研究がなく，自身で質問項目を作成した場合には，**予備調査をおこなって質問紙の妥当性や信頼性を定量的に示さ**なければなりません。

---

[7] 言語を用いる質問紙法では意識的な回答を求めますが，評価できる内容は必ずしも意識的なものだけとは限らず，無意識的な内容も検討することができます。また，心理学では，言語ではなく絵を描かせることによって参加者の心的状態を評価する方法なども用いられています。

[8] 心理学演習レポートの場合には，ローデータ（調査用紙など）を付録として添付することもあります。

2.3.3　手続き上の工夫を示す

　剰余変数の統制を厳密におこなうためには，実験の手続きにおいてもさまざまな工夫をおこなう必要があります。ここでは，実験の際に統制がおこなわれることの多い要因について紹介していきます。

光や音などによる影響の統制

　科学的な検討をおこなううえで，**実験環境**は非常に重要な要素の1つです。正確な実験結果を得るためには，**統制された**環境のもとで実験をおこなう必要があります。たとえば，周りに人が大勢いる状況で実験をおこなうと，周りの目や話し声などが気になって課題に集中できず，課題の遂行の妨げになってしまう恐れがあります（図2-7）。また，特定の条件では周りに人がいて，それ以外の条件ではいないなど，条件間で環境が一貫しない場合には，それが剰余変数となり結果に影響してしまう可能性も考えられます。これらの問題を避けるには，あらかじめ部屋の明るさや環境音などを統制した実験室を用意するなど，すべての参加者が安定した環境下で実験を遂行できることが重要になります[9]。このような形で剰余変数を統制して実験をおこなった場合には，「実験は光量を一定にする目的で暗室において実施された」，「実験は環境音の影響を防ぐために防音室内の静寂な環境のなかでおこなわれた」のように，**何の目的でその処置をおこなったのかをあわせて記述**することが重要です。

9　実験環境の統制は，科学的な検討をおこなううえで非常に重要な要素です。心理学実験では，剰余変数の統制のためにさまざまな方法上の工夫が凝らされています。たとえば視覚刺激を用いた実験では，実験参加者の観察距離を一定に保つことが多いです。これは刺激の物理的な大きさではなく，網膜に映る像の大きさを試行間で一定に保つためにおこなわれます。このように何気ない手続きでも，綿密な準備のもとでおこなわれているため，それぞれにどのような意味があるのかを考えながら実験にとり組んでみてください。

図2-7 環境による実験への影響

個人差の統制

心理学ではおもに人を対象とした研究をおこなうため，個人の能力の違いが実験結果に大きな影響を及ぼすことがあります。たとえば参加者を2つの群に分けて実験をおこなった場合に，片方の群に課題の得意な人が偏ってしまうと，操作した条件ではなく個人の能力の違いによって結果が左右されてしまいます。このような偏りを防ぐために，実験では参加者を無作為に条件に割り当てたり（ランダム化），あらかじめパフォーマンスを測定しておいて，条件間で同質になるように配分する（バランス化）などの方法をとります。また，同じ参加者がすべての条件を遂行した場合には，個人差による影響を考慮する必要がなくなるため，実験計画を参加者間要因から参加者内要因に変更するのも有効な手立てです[10]。そのため論文中では，各条件における参加者が同じなのか異なるのか，また異なるのであればどのようにして参加者を各条件に割り当てたのかを記載し，個人差の影響をどのように統制したのかを示しましょう。

呈示順序の統制

同じ実験参加者が複数の刺激や条件を経験する場合には，その順序が問題となることがあります。たとえば，実験条件と統制条件の間で比較をおこなう際に，すべての参加者が実験条件を先におこなったとしましょう。この場合は，後半の統制条件では疲れや課題への慣れが生じ，独立変数以外の要因

---

[10] 各参加者が要因のすべての水準（条件）に含まれる場合，その要因を参加者内要因といい，逆に水準間で参加者がバラバラな要因を参加者間要因といいます。また要因が2つ以上あり，参加者内要因と参加者間要因が混在している場合は，その実験計画を混合計画といいます。

が結果に影響してしまう恐れがあります。このように順序が問題となる場合には，先に実験条件をおこなう群と先に統制条件をおこなう群に実験参加者を均等に割り当て，順序の影響を相殺するという方法がよくとられます。これを**カウンターバランス**といい，この方法を用いた場合には，「条件の実施順序については実験参加者間でカウンターバランスをとった」のような形で簡潔に記載します。また刺激や条件の数が多く，順序のすべての組みあわせに参加者を均等に割り当てるのが難しい場合には，順序のランダム化をおこなうことで順序の影響を弱める方法がとられます。その場合は，ランダムな順序で刺激や条件が呈示されたことを記載しておきましょう。実験統制方法の詳細については，3.6で改めて解説します。

2.4　検定結果をわかりやすく記述しよう

結果のセクションでは，得られたデータを図や表にしてわかりやすく示すだけでなく，その結果が統計的に意味のあるものかどうかを，統計量とともに記述します。このとき，仮説の支持に関する判断や，結果の解釈を含んではいけません。結果で記述できるのは事実のみです。事実とは，客観的に観察できる事物をさします。事実には，実験で得られたデータとともに，統計的仮説検定によって得られた有意差判断の結果も含まれます。

統計的仮説検定は，検定の種類によって分析のしかたが大きく異なります。それに伴い，記載する内容も異なるため，それぞれの分析方法にあった結果の表記をおこなわなければいけません。そこで以下では，まず結果のまとめ方について紹介し，そのあとで分析の目的ごとにどのように結果を記述していくのかについて解説します。

2.4.1　結果をまとめる

結果のセクションでは，平均値や標準偏差，および統計的検定の結果をわかりやすく伝えることに加えて，**結果のまとめ**をおこなうことも必要です。結果のセクションは，①実験の結果得られた事実と，②それに対する統計的な判断を記載する場所です。結果が仮説を支持したかどうかの判断や，解釈

を含んではいけません。それらは考察で検討する内容です。結果のまとめは，結果全体を要約し，①と②の両方を考慮した表現にしなければいけません。結果全体としては，考察における仮説検討とは直接的には関係のない副次的な情報も含まれるかもしれません。しかしこれらの情報は仮説検討に関係なくとも，必ず結果のセクションで記述する必要があります。細かく複雑な統計結果を得た場合には，それらを統合した最終的な判断も必要です[11]。このように，結果全体としては，記述内容が多岐にわたってしまう場合があります。そのような場合には，結果の最初あるいは最後のパラグラフにて，**仮説検討に必要な証拠のみ**をわかりやすくまとめておくと，考察への移行をスムーズにおこなうことができます。

　具体的には，予測に対応する表現として，結果を記述するとわかりやすいでしょう。予測が2つあればまとめとしての結果も2つ，**直接比較できる表現で提示する**ことが望ましいです。たとえば，予測が「A条件の反応時間はB条件の反応時間よりも短い」であれば，結果のまとめでは「A条件の反応時間はB条件の反応時間よりも有意に短いことがわかった」と記述します。繰り返しますが，結果のセクションでは**仮説（あるいは予測）との一致・不一致については言及してはいけません**。結果が大きく2点ある場合には，「実験の結果，大きく2点が明らかとなった。1点めは…。2点めは…。」などと表現するとわかりやすい文章となります。わかりやすいまとめを作成するコツは，そのまとめにもとづいて考察を進めることを意識することです。

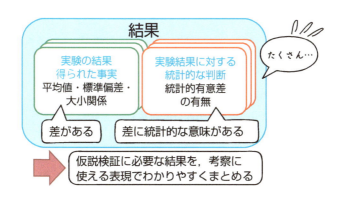

図2-8　結果のまとめ

11　たとえば，交互作用が出た際や，水準が多い場合の多重比較に関する統計結果などは，統計結果の記述が複雑になります。

2.4.2　集約したデータを記載する

　結果のセクションでは，解析の結果得られたデータを，**実験条件**ごとに記載する必要があります。このような集約されたデータは多くの場合，**平均値**と**標準偏差**であることが一般的です。また，基本的に，**解析したデータ**はすべて結果のセクションに記載されなくてはいけません。このような情報は，たとえグラフに記載されていても，**本文に文章として記載する**ことが原則となります。しかしながら，条件ごとの分量が多い場合は代表的な値（多くの場合は，複数の条件の平均値をさらに平均した数値）を記載して，無理のない記述にとどめます。また，多くの具体的な数値を記載する必要がある場合には，表を用います。表を用いた際は具体的な数値を本文に記述する必要はありませんが，結果のまとめ（つまり考察）にかかわる**重要な数値**については言及する必要があります。

　平均値や標準偏差は複数のデータを集約した値である一方で，個人・試行ごとの計測値（従属変数）は**ローデータ**とよばれます。ローデータを結果のセクションにそのまま記載すること（たとえば全実験参加者の反応時間を記載すること）は，分量が多く非常に煩雑になってしまいます。そのため，論文では通常記載しません。ただし，視覚的に示したほうがわかりやすいローデータに関しては，ある**典型的な実験参加者の1例**などをグラフにして結果のセクションに記載することがあります（言語反応や絵など）。このとき，紙面を多く割いてしまう場合には，論文末の**付録**としてローデータを添付します。

2.4.3　検定結果を記述する（t検定・分散分析）

　実験データの分析の際におそらくもっとも頻繁に用いられるのが，**t検定**や**分散分析**です。これらは，どちらも設定した独立変数が従属変数に与えた影響が統計的に有意であるかどうかを調べるときに用いられる検定方法です。比較する条件あるいは群の数が2つの場合はt検定を，3つ以上の場合には分散分析を使用します。このような検定結果の記述は，各条件の平均値と標準偏差を述べたあとでおこないます。その際，検定結果だけでなく，**実施した検定の種類**についても記述をおこないます。また，t検定であれば**対応**

あり／対応なし，分散分析であれば参加者内要因／参加者間要因など，データの対応に関する情報についても必ず記述してください。

　t検定では，条件間の平均値の大小が統計的に有意であるかどうかがわかります。そのため，検定の結果を記述する際には「条件Aのほうが条件Bよりも反応時間が有意に短かった」のように，必ず値の大小関係を記載する必要があります。また，t値やp値などの**検定統計量**は，文章の後ろに括弧に入れて示します。具体的な記載方法はコラムAを参照してください。一方，分散分析は，要因の主効果が有意であるかどうかを検定する手法です。そのため，たとえば季節を要因とした分散分析の場合は，「季節の主効果は有意であった」のように記述をおこないます。分散分析の統計量であるF値とp値は，t検定のときと同様に，文章の最後に括弧で示します。多重比較[12]の結果を記述する場合は，「ボンフェローニの方法による多重比較の結果，夏のほうが冬よりも5%水準で有意に正答数が多かった」のように，どのような多重比較方法を用いたのかも記載しましょう。

2.4.4 そのほかの解析例（カイ二乗検定・相関分析）

　カテゴリー間の度数分布[13]に偏りがあるかどうかを調べたい場合には，χ^2（カイ二乗）検定を用います。カイ二乗検定の結果を示す際には，表を用いるのが一般的です。とくに，変数が2つある場合には，クロス集計表を作成して度数や割合を示します（表2-1）。カイ二乗検定は，カテゴリー間の連関に関する分析結果を出力します。そのため，結果の記述では「習いごとの有無と学年の間に有意な連関が示された」などと述べます。

表2-1　クロス集計表の例

学年	習い事の有無		
	あり	なし	合計
低学年	15	35	50
高学年	35	50	100
合計	50	50	100

---

[12] 水準数が3つ以上あり，それぞれ2つの条件間の平均値差を検定する手法です。
[13] 物事がおこなわれる回数を度数とよびます。ある現象が起こる頻度や，あるグループに所属する人数なども，度数に含まれます。

ステップ2　内容を改善しよう

　2つの変数が両方とも連続変数（たとえば，おこづかいの金額と年齢）であり，それらの関係性を調べる場合には，相関分析を用います[14]。相関分析をおこなった際は，散布図を用いるとよいでしょう。相関分析における注意点は，有意性検定の結果（p値，有意な相関かどうか）と相関係数（r値，相関の強さ）の両方の値を考慮した記述をおこなわなければいけない点です[15]。たとえば相関係数の値が0.3であり，その値が有意と判断された場合には，相関分析についての統計的な値を記述したうえで，「身長と得点の間に有意な弱い正の相関が認められた」と結論します。一方で，相関係数の値が0.4であっても，統計的には有意と判断されない場合もあります。このような場合には，「2変数間に有意な相関は認められなかった」と結論します。相関係数がマイナスの場合には，正の相関ではなく，負の相関があるといいます。

コラム

統計結果の表記のしかた（結果編）

　結果では，統計的仮説検定（t検定や分散分析）の結果を記述する必要があります。ここでは，その際のルールを確認しましょう。統計的検定はなんらかの統計ソフトの出力にもとづいて記述することが多いかと思います。本コラムでは，統計ソフトR（フリーソフト）の出力を例にしてみましょう。

```
Paired t-test
data:a1 and a2
   ①         ②         ③
t=-4.2819, df=23, p-value=0.0002789
alternative hypothesis: true difference in means is not
equal to 0
95 percent confidence interval:
```

図の赤枠が示す3つの値に注目しましょう。それぞれ，①t値，②自由度

14　ちなみにt検定や分散分析の場合には，独立変数が離散変数（質的変数），従属変数が連続変数（量的変数）という関係になっています。

15　一般的には相関係数（r）の絶対値が0.2〜0.4であれば弱い相関，0.4〜0.7であれば中程度の相関，0.7を超えれば強い相関として扱われます。

(degree of freedom)，③*p*値（有意確率）とよばれる値です。とくに*p*値は，統計学的に有意な差があったかなかったかを決定する値です。0.05未満ならば5％水準で有意，0.01未満ならば1％水準で有意，0.001未満ならば0.1％水準で有意ということになります。これらの基準は慣習的なものであり，厳密な意味があるわけではありません。5％水準で有意であるということは，20回に1回は間違って「有意である」という結論をくだすレベルであるということです。*p*値が0.05以上の場合は，有意な差があるとはいえないことを意味し，*n.s.*（not significant）と表記されます。

また，小数を含む数値の表記についても気を付けなければならないポイントがあります。1以下の数値であり，かつ1を超える可能性がないものは，「0.X」の0を含めずに「.X」と記載します。いっぽうで，1以下の数値であっても，1を超える可能性があるものは，「0.X」と，0を含めて記載します。前者は*p*値や*r*値，後者は*t*値などが該当します。

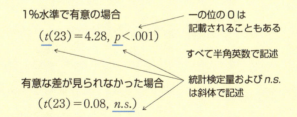

結果の記述例

　単純反応課題における反応時間は，実験条件のほうが統制条件よりも短かった。各条件における平均反応時間と標準偏差（*SD*）をFigure 1に示す。縦軸は反応時間，横軸は各条件を表す。エラーバーは*SD*を示す。平均反応時間は，実験条件ではxx.xx ms（*SD* = yy.yy），統制条件ではxx.xx ms（*SD* = yy.yy）であった。2条件の平均反応時間に対して対応のない*t*検定をおこなった結果，実験条件の平均反応時間は統制条件よりも有意に短かった（*t* (x) = xx, *p* < .001）。したがって，本実験において実験参加者は，統制条件よりも実験条件において刺激に対して素早く反応したことがわかった。

ステップ2 ｜ 内容を改善しよう

2.5　目的に対する答えを提示しよう

　研究における主要な目的は仮説の検証をおこなうことです。しかし，仮説の検証をおこないたい背景にはもっと**大きな動機**があります。たとえば，「物が赤く見える理由を知りたい」とか，「ヒトを好きになるメカニズムを明らかにしたい」などです。このような大きな問いに対しては，ひとつの研究からでは決定的な答えを出すことは困難です。しかしながら，いくつもの研究を組みあわせて考えることにより，完全ではないにしろ，大きな問いに対してもある程度の答えを出すことができます。したがって，考察においては，今回おこなった実験の結果および仮説の検証結果のみを述べるのではなく，研究の背後にある大きな目的に照らしあわせたなんらかの答えを提示する必要があるのです。

2.5.1　研究の位置づけをおこなう

　研究の特色や新しさは，ほかの研究との比較によって決まります。そのため，今回の実験で得られた結果が先行研究とどのように違うのかを示し，研究の位置づけを明らかにすることは，自分の研究の学術的な意義をアピールするうえで重要です。また，問題提起の際に引用・紹介した先行研究との比較をおこなうことも必要となります。そのため，考察をおこなう際は，常に**問題セクションとの対応を意識**しなければいけません。考察のセクションを書くころには，問題提起で書いた内容を忘れてしまっていることも多いと思いますので，考察を書き進める際には，適宜，問題提起のセクションを見直すようにしましょう。以下では，**A** 先行研究と一致する結果が得られた場合，**B** 矛盾する結果が得られた場合，**C** 新しい結果が得られた場合にどのように考察をおこなっていくのかを順に解説します。

A　先行研究と一致する結果

　先行研究で示された理論やデータと一致する結果が得られた場合，考察を書き進めるのは，比較的簡単です。先行研究の理論や結果と一致した結果は先行研究の主張が正しいことを示す証拠となります。そのため，該当する文

献を引用したうえで「先行研究を支持する（一致する）結果が得られた」と述べ，先行研究の主張の是非を論じるような形で考察を進めていきましょう。先行研究とは異なる刺激や手続きを用いたにもかかわらず，先行研究と同様の結果が得られたのであれば，実験結果が特定の方法に限定されないものであることを主張することもできます。具体的には以下の書き方の例を参考にしてください。

> **先行研究との比較の例1**
>
> 　本研究では物理的な動きを含まない漫画を用い，絵から喚起される動きの印象が，人の視線の方向を誘導させることを示した。先行研究では，物理的に動きのある物体の運動方向を目で追うことが示されていたが，静止した物体を用いた検討はおこなわれていなかった（山本，2015）。本研究で用いた漫画でも同様の結果が示されたことは，先行研究で報告された動きによる視線の誘導が，物理的な動きに依存しないものであることを示唆する。

B　先行研究と矛盾する結果

　先行研究とほとんど同じ方法を用いたのにもかかわらず，統計的に有意な結果が得られなかったり，反対の結果が得られたりと，**先行研究と矛盾する結果**が得られることもあります。このような場合は，さまざまな可能性が考えられるため，すっきり考察をまとめるのは難しくなります。いずれにしろ，もとの実験結果を再現できなかった場合は，「本研究の結果は，先行研究で示された結果とは一致しなかった。この原因として…が考えられる」と記述し，異なる結果が得られた原因を考察する必要があります。たとえば，先行研究の実験の方法に何か問題があり，偶然その結果が得られた可能性や，逆に自分の実験の方法に不備があり，結果が再現できなかった可能性などが考えられます。これらの可能性について考察をおこなう場合には，剰余変数をうまく統制できているか，刺激や手続きは適切に選ばれているのかなどに着目し，検討をおこなうようにしてください。

　また一方で，先行研究と実験方法が異なったことが，結果を再現できなかった理由であった可能性も考えられます。たとえば，先行研究で報告された

> ステップ2　内容を改善しよう

現象の生起には，刺激のある特徴が重要であり，今回の研究ではその特徴をもたない刺激を用いてしまったことが，同じ結果を再現できなかった原因であるかもしれません。これについては，実際に同じ方法を用いた場合に結果を正しく再現できることを確認してからでないと強く主張することは難しいものの，今後の検討課題として記載しておくのは問題ありません。ただし，先行研究と方法の異なる部分が複数箇所ある場合には，具体的にどの要素が結果の違いにかかわっているのかを断定することが難しいため，慎重な書き方が求められます。

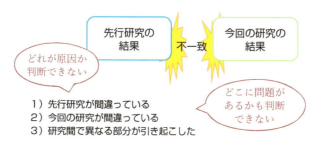

1) 先行研究が間違っている
2) 今回の研究が間違っている
3) 研究間で異なる部分が引き起こした

図2-9　先行研究と結果が一致しない場合

C　先行研究では示されていない新しい結果

　得られた結果が先行研究では報告されていない新規なものである場合は，類似した現象を扱った研究との比較から，研究の位置づけをおこないます。たとえば，今回の研究で扱った独立変数や従属変数が，ほかのどのような要因とかかわることが示され，どのような理論が提唱されていたのか，それに対して新しくみつかった結果は，既存の理論をどのように発展させるものなのかを説明するような形で話を進めていきます。文中での記載のしかたとしては，次のような例が考えられます。

先行研究との比較の例2

　これまでの研究では，数の大きさの認識が対象の空間的位置の判断に影響を及ぼすことは示されていたが，数の大きさの認識が時間の長さの判断とどのよ

> うにかかわるのかについては明らかでなかった。本研究の結果は，数の表象が空間だけでなく時間とも密接に結びつくことを示しており，数の認知的処理が他の情報処理と広く関わることを示唆する。

2.5.2 考察を深める

心理学では，人の心の働きがどのような処理過程を経て生じているのかを明らかにすることが研究の大きな目的となります。そのため論文では，仮説検証の結果を説明するだけでなく，その結果が人のどのような**心的メカニズム**の存在を示唆しているのかについて考察を深めていくことも必要となってきます。たとえば，研究の内容が知覚や認知にかかわることであれば，外界の対象の認識や理解がどのような情報処理過程によって生じているのかを考察します。このとき，既存のモデルや理論を参照したり，脳活動を計測した研究を引用して脳内メカニズムを考察したりするといった展開のしかたが考えられます。ただし，あまりに結果とかけ離れた議論をおこなってしまうと，机上の空論となってしまいかねないので，必ず得られた結果に則して考察をおこなうようにしてください。

心的メカニズムを考える

考察では，得られた実験結果のまとめに加えて，結果という**経験的事実から推論を重ねて導き出した主張**が必要です[16]。心理学の場合には，目に見える客観的な実験結果にもとづいて，見えない心的メカニズム（心的処理）を推測します。心理学は**行動の科学**とよばれることもありますが，これは，見えない"心"を知るために目に見える"行動"を直接の観察対象にしたことに由来します。予測や先行研究の結果と，研究結果に関する記述は目に見えるレベルの世界です。したがって，「一致した，しなかった」と客観的に判断することができます。いっぽうで，心理学の研究対象である**現象の背後にある見えない心的メカニズム**は，見えないレベルの世界に属しています。これは実際には見ることができないため，実験結果から推測するしかありません。そして，考察においてもっとも求められているのは，見えない世界に属

---

16 主張を導く論証の方法については3.1で詳しく説明します。

する心的メカニズムに関する議論なのです。つまり，考察では，客観的な実験結果にもとづきながらも，そこからある程度離れた心のメカニズムに関する主張が必要なのです。

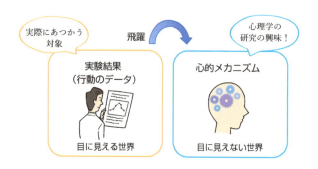

図2-10 実験結果と心的メカニズムの関係

いきなり心的メカニズムといわれても，何のことかよくわかりませんね。実際，その中身を考えることは簡単ではありません。しかし，考える"方法"はシンプルです。実験結果から心のメカニズムをどのように推測するのか，鏡映描写実験における運動学習を例に考えてみましょう。

<u>鏡映描写実験</u>とは，鏡に映っている紙に描かれたルートの上を，その鏡を見ながら鉛筆でなぞるというものです。このとき，ルートと手（鉛筆）は上下が逆転して鏡に映っています。たとえば，鉛筆を身体から離す方向に動かすと，実験参加者にとっては鏡の中の鉛筆は身体の方向へ近づいてくるように見えます。もちろん，この課題を初めて参加者がおこなったときには，まったくうまくペンを動かすことができず，ゴールにたどり着くまでにとても時間がかかってしまいます。しかし，この課題を何度も練習すると，ゴールまでの所要時間はどんどん短くなります[17]。それでは，どのような心的メカニズムがこのような結果を引き起こすのでしょうか？？

---

[17] 課題がうまくなったあとに，練習したほうの手とは逆側の手で同じ課題をおこなうと，その手ではまったく練習していないのにもかかわらず，練習した手で最初におこなったときよりも早くゴールにたどり着けます。これを，学習の転移とよびます。心理学演習では学習の転移を題材にした実験を実施することが多いです。

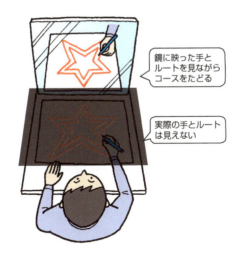

図 2-11 鏡映描写実験を上から見た図

タスクアナリシスと仮定

　まずは,「なぜ鏡に映ったコースを鉛筆でなぞることが難しいのか」を考えてみましょう。鏡映描写課題では,見えているもの(視覚情報)と手の動き(筋肉の動かし方と身体に関する情報)の関係が普段とは大きく異なっています。そのため,見たものに合わせて手を動かすことが難しくなるのです。これはなんとなく想像できる結果ですね。この答えを,もう一度先ほどと同じような形式で問いに変えてみましょう。「なぜ見えているものと手の動きの関係が普段と大きく異なると,コースを鉛筆でなぞることが難しいのか」。今度はどうでしょうか? また簡単に答えが出せるでしょうか。きっと,「頭の中でイメージが…」「記憶が…」「情報どうしの結びつきが…」などといったアイデアが思い浮かんだことでしょう。鏡映描写実験は心理学演習のレポートでよく扱われる題材であるため,本書ではこれ以上の考察を紹介することは控えます。この「なぜ」に対する答えを示すのは容易ではないものの,「頭の中のイメージ,記憶,情報どうしの結びつき」という概念を用いた説明はまさに心的メカニズムに関する,ある種の理論となっているのです。

　「なぜ○○なのか」という問いに対しては,「○○であるから」と答えなけ

ればいけません。このとき、「○○である」という答えが**観察可能でない場合**には、それはなんらかの心的な処理を仮定したことになります[18]。このように、問いに対して「なぜ○○なのか」という問いを繰り返すことによって、心的メカニズムにおける暫定的な答え（＝仮定）を得ることができます。このような問いを用いて、人の認知や行為に必要とされる心的処理を列挙する方法を、タスクアナリシスとよびます[19]。一般的には、あるタスクを小さな要素に分解していく行為をさしますが、本書では、現実世界の現象から、心的処理を推測する行為をさします。「なぜ退屈な時間は長く感じるのか？」という問いに対しては、たとえば「時間の経過は注意を向けることで意識される（から）」あるいは「期待した経過時間が基準となる（から）」などという答えを考えることができます。これらの答えが正しいかどうかは実験を通して検証してみなければわかりません。しかし、暫定的には、ある現象に対する心的メカニズムの理論を導くことができたといえます。

　ある1つのタスクをおこなうためにも、複数の処理を仮定しなければいけないことが一般的です。そのため、タスクアナリシスをおこなうと、仮定がいくつか出てきます。このように、ある現象に対して用意された一連の仮定の集合を理論とよびます。通常、研究で検証するのは、理論のうちで重要かつ検証しやすい仮定です。ある仮定が検証されたらほかの仮定…と研究が続くことで理論が徐々に確かめられていくのです。

　「問い・タスクアナリシス・仮定」の関係を研究のサイクルのなかで示したものを図2-12に示します。図を見てわかるとおり、じつは、**問いの答えを考える作業は研究のなかではもっとも初期段階に位置します**。心理学演習の場合ではあらかじめ仮説や実験パラダイムが決まっているため、必然的にあとから理論的な作業をせざるを得ませんが、通常の研究の場合は実験を始める前にこのような作業はある程度終了しているはずなのです[20]。

---

[18] 頭の中のイメージ、記憶、情報というものは観察不可能です。
[19] 厳密には、「なぜ○○課題が難しいのか」ではなく「なぜ○○課題ができるのか」という問いを立てて、課題解決に必要なプロセスを考えていく作業をタスクアナリシスとよびます。2つの問いは本質的には同一であるため、本書ではわかりやすさを優先し、当初の問いの形を保ったまま説明をしています。
[20] もちろん、通常の研究においても、実験が終了したあとにも、結果にあわせて理論的な修正をおこなう必要性は出てきます。いっぽうで、すべての実験結果が仮説どおりであれば、そのような作業はほとんどする必要がありません。

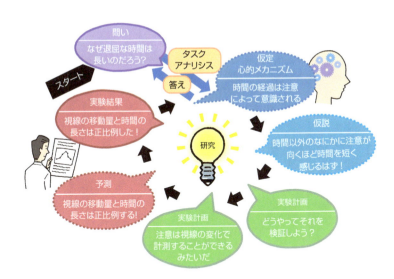

図 2-12 研究のサイクル

　鏡映描写の運動学習における心的メカニズムの話に戻りましょう。研究において，「なぜ鏡に映ったコースを鉛筆でなぞることが難しいのか」という問いを立てた場合には，考察において「頭の中のイメージが／記憶が／情報どうしの関係が○○である」ことを答えとして主張しなければいけません（もちろんこの表現は適当な例なので，もっと具体的な仮定を考えてください）。重要なのは，問いの答えは心的メカニズムの仮定である必要がある，という点です。また，このような結論は，観察された結果からの推測にすぎません。学術論文ではこのような場合に「示唆する」という言葉を使用します。つまり，心理学論文で求められているのは，①厳密な実験によって得られる客観的事実と，②その実験結果にもとづいた何らかの心的メカニズムの特性についての示唆なのです。

メカニズムの考察の例

　本研究の結果，同じ部屋で単語の学習と再生をおこなった場合のほうが，異

> なる部屋でおこなった場合よりも単語の再生率が高いことが示された。この結果は，単語の学習時に周囲の環境などの文脈情報も同時に符号化されており，その文脈情報が単語を想起する際の手がかりとなる可能性を示唆する。

2.5.3 研究の問題点・限界点

　考察の最後では，本研究で残された問題点や限界点について記載します。ここでいう問題とは，実験計画・実験実施上の不備や，仮説検証の過程で新たに浮かんできた課題をさします。つまり，**研究をおこなっている途中で生じた問題**です。研究には，まったく問題点のない完璧なものは存在しません。そのため，その後の研究で問題点の改善がおこなわれ，検証が積み重ねられていくことが重要となります。問題点の指摘は，今後同様の研究をおこなう人がどのような問題にとり組めばよいのかについての指針となるため，できるだけ具体的に述べ，解決策を同時に示すことが必要です。問題点の記述の際には，単なる感想や反省文にならないように注意してください。「私はここが問題だと思う」といったような主観的な意見を述べるのではなく，きちんとした根拠にもとづいた客観的な論証が求められます。

　問題点を指摘するためには，用いた刺激や手続きは仮説の検証に適したものだったのか，とりあげた仮説以外に結果の有力な説明はないのか，次にどのような実験をおこなってみたいか，などの観点から研究を振り返ってみてください。また一度ほかの人に論文を批判的に読んでもらい，そこで指摘された意見を参考にするのもよい方法です。

　研究の限界点は，研究の問題点とは異なります。研究の問題点は，検討の際にうまく対処できなかった可能性のある事柄です。これに対し，研究の限界点は，**検討によって明らかとなった範囲**を意味します。論文の読者は往々にして，「あれはどうなの？　これはどうなの？」と，**検討対象に関連したさまざまな疑問を抱きます**。論文としては，まずは設定された疑問にしっかりと答えることが最優先であるため，あれもこれも答えることは困難です。しかし，研究の直接の検討対象ではないにしろ，関連した内容あるいは近い領域の現象に関しては，何らかの示唆があるはずです。また，検証したのは

あるひとつの理論のうちの仮定ひとつであり，理論全体の妥当性を支持するにはまだまだほかの仮定も検証しなければいけないケースもあるでしょう。このような事情のため，今回の論文において何をどこまで明らかにしたのかを明示し，さらに，どのような部分がわかっていないのか，あるいは少しでも言及できることは何なのかを記載する必要があるのです。

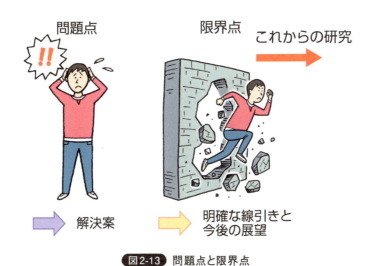

図2-13 問題点と限界点

議論は「わからない」で終えない

学生のレポートでは，「こういう可能性も，こういう可能性もある。そのため，どちらの要因が現象の生起に寄与していたかはわからない／議論の余地がある」というように結論する考察が頻繁に登場します。現象に寄与するいくつかの可能性を列挙することができるのは非常によいことです。しかしながら，結論が「わからない」で終わってしまうのは論文としては望ましくありません。「議論の余地がある」といって終わるのはなんとなくカッコいいかもしれませんが，結局何も言っていないのと変わりません。研究というものの性質上，議論の余地があるのは当たり前のことです。わざわざいうべきことではありません。

もちろん，本当にどちらが正しいのかが判断できないこともあるでしょう。しかしできることなら，研究の仮説に対する考察や，研究の一番の興味

に対する議論に関しては，何としてでもポジティブな方向の結論が欲しいものです。つまり，「…と…の可能性のどちらが正しいかはこの研究からでは明らかではないが，少なくとも…は示唆される」といったように，説明範囲を限定したうえで，確実度が高い主張を結論としてもってくることが生産的な論文のあり方です。このように結論すれば，今回の研究の意義をはっきりと示すことができます。

問題点の書き方の例

本研究では，顔の表情が対人印象におよぼす影響を調べるため，演技による表情を撮影した顔写真を用いて実験をおこなった。しかし，表情を意図的につくってもらったことで，普段の表情よりも過剰で不自然な表現になってしまい，それが対人印象の評価に影響した可能性が考えられる。今後の研究では，会話場面などのより自然な状況で示された表情を用い，本研究と同様の結果が得られるのかどうかを検討する必要があるだろう。

問題点のダメな例

本研究の問題点としては，実験参加者の人数が少なかったことが挙げられる。今回は20人分のデータしかとることができなかったが，より多くの人数で実験をおこなうことで，より正確な結果が得られるのではないかと思う。

ここを直そう！

上の例では，実験参加者の人数の不足が問題点として挙げられていますが，その理由として「…と思う」という主観的な意見が述べられています。このような書き方は単に感想を述べているにすぎず，考察に入れる文章としてはふさわしくありません。参加者の不足を問題に挙げるのであれば，人数を増やすことが自分の実験にどうして重要なのかを根拠とともに示し，それによって結論がどのように変わる可能性があるのかを論じる必要があります。ただし，実験参加者の人数は統計学的な理由以外で問題となることはあまりなく，また次の研究につながる重要な示唆も得られません。そのため，他の検討すべき点をみつけて，問題提起をしたほうがよいでしょう。

コラム

統計結果の表記のしかた（考察編）

　統計的仮説検定の結果は，「結果」と「考察」のセクションで記述のしかたが異なります。「結果」では，実験の結果得られたデータを記述し，さらに統計的検定によって，それらのデータが統計学的に有意であったかどうかを判断します。この判断が「結果」における結論になります。いっぽうで，「考察」においては，「結果」で得られた結論にもとづいて議論を進めます。したがって，「考察」においては「統計的検定の結果，有意な…」「分散分析の結果…」などという言葉は，特別な理由がない限りは不要です。なぜなら，「考察」の段階では，統計学的な判断に関してはすでに結論が出ているためです。せっかく「結果」で出した結論をぶり返すのは，生産的ではありません。

　ただし，統計学的に有意差が出なかった場合は話が微妙になります。なぜなら，統計学的に有意差がみられなかったことは，「差がない」ということを意味しないためです。統計的仮説検定は，「有意な差がある＝差がないとはいえない」という一方向の主張しか支持しません。したがって，有意差がみられなかった場合には「考察」においても，「有意な」という言葉をつけることが多いです。

　さらに，上記のような理論的な事情から，「差はなかった」ではなく，「示されなかった」，「みられなかった」，「観察されなかった」などと，言い回しを少し変えて記述することが一般的です。なぜなら，統計的仮説検定の立場からは，差がないとは結論できないからです。「みられなかった」という言葉は，解釈ではなく事実をただ記載しますよ，という立場を表現しています。

考察における結果の記述例

　実験の結果，実験条件の平均反応時間は統制条件よりも短かった。一方で，実験条件と統制条件の平均誤答数には統計学的に有意な差は観察されなかった。

ステップ3
よい論文を書こう

How do I know what I think until I see what I say.
—— E.M. Forster

ステップ3 よい論文を書こう

　ステップ3では，論文の特定のセクションに限定されない，全般的な内容について解説します。論文とは，主張を他者に説得的に伝えるために書かれます。そのためまずは，論文を書くために不可欠な「論証」という考え方と，さまざまなテクニックを紹介します。さらに，論文の中身となる研究についての理解を深めるために，研究計画や実験統制法の基礎をまとめました。これらの考え方をきちんと身につけることによって，形式と中身の両方が整った，素晴らしい論文を執筆することができるでしょう。

3.1　論証とパラグラフ・ライティング

　論証とは，ある前提にもとづいて，論理的に結論を導くことをさします。論証自体は2つの要素（前提と主張）さえあれば可能ですが，論文を書く際に求められているのは，妥当な論証，つまり読者が「そうだよね」と納得する論証です。簡単にいうと，前提を仮に正しいとしたときに，結論も正しいと判断される文章を書きましょう，ということです。

　そんなことは当たり前と思うかもしれませんが，これが意外にとても難しい作業なのです。そもそも論文というものは，論証の連続で成り立っています。書いている側は自分の思っていることを書いているため，書かれた文章の意味・内容にあまり疑問はもちません。しかし，読む側は違います。書いている人と読んでいる人の「当たり前」は一致しないことが多いのです。そのため，書き手が当たり前だと思っていることが記述されない場合，読み手は正しく文章の論理を追うことができず，文章を誤解してしまう可能性が高まります。

　しかし，論文の性質上，それはよくありません。論文では，読者にわかり

やすく論理を伝え，かつ主張を納得してもらわなくてはなりません。そのため，まずは，何が前提であって，何が主張であるかを意識的にわかりやすく記述する必要があります。

3.1.1 前提だけ，主張だけは×

　論証には，前提と主張の2つの要素が必要です。まず，前提だけの場合を考えましょう。前提となるものを並べているだけでは，その文章が何を伝えたいのかがわかりません。心理学論文の場合，前提が①理論や仮定である場合と，②実験結果などのデータである場合に大きく分けることができます。たとえ先行研究の紹介だとしても，それらがどのような主張の裏づけとして紹介されるかは明示されるべきです。

　次に，主張だけの場合では，その主張をサポートする材料がないため，主張の内容を無条件に信用することができません。主張は書き手が読者に伝えたいことであるはずです。しかしながら，その主張を支える根拠が提示されなければ，たとえ書き手の頭の中ではしっかりとした論理にもとづいて引き出された結論であっても，読者に受け入れてもらうことは難しくなります。そのため，**主張は必ず前提に支えられる必要があります**。このように，前提と主張は必ずペアになってわかりやすく提示される必要があるのです。前提と主張を明らかにすることは，論文の読者が著者の考えをしっかりと把握できるようになるだけでなく，著者自身が研究内容を深く吟味するためにも役立ちます。

3.1.2 前提と主張の違い

　さあ，前提と主張について詳しく見ていきましょう。本書では，論理学の難しい話は置いておいて，皆さんがこの2つの概念を扱うときの，大雑把ですが有用な区分方法を紹介します。

前提＝事実（根拠），あるいは正しいと仮に定めたこと（論拠）[1]
主張＝前提から導かれ，かつ，前提から飛躍のある結論

上を見てわかるとおり、前提と主張は同じ内容ではありません。言い換えると、前提に含まれない内容が主張であるといえます。このとき、重要となる概念が、主張の説明に含まれている飛躍という言葉です。前提・主張・飛躍の関係を図にすると、以下のようになります。

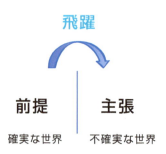

図3-1 小さな論証を積み重ねるイメージ

「論理表現のレッスン」（福澤一吉，2005）を参考に改変

図3-1における中央の線が、前提と主張を区別する重要な線となっています。もし前提と主張が一緒であれば、同語反復（トートロジー）となり、論理的には常に正しくなります。しかし、その結果として、何も新しいことは述べていないことになります。このとき、飛躍はゼロであり、主張は中央の線を越えられていません。一方で、飛躍が大きい場合は、その主張が正しいと納得させるための根拠が不十分であり、妥当性に欠けた主張になってしまいます。このように、**論証において飛躍は重要な要素ですが、最小限に抑える必要があります**。

しかしながら、論文の主張を読み手に受け入れてもらうため、飛躍の程度を妥当な範囲に留めると、単一の論証では本来の目的に届かないことがあります。論文においては、常に何かいいたいこと（主張）がなくてはいけません。ただし、誰もがすぐに受け入れてしまう程度の主張である場合には、学術的な価値は高くありません。すなわち、誰もが、根拠を見なくても「そうだよね」と思うような内容は、わざわざ主張する意味がないのです[2]。その

---

1. 本書では、説明を単純化するため、根拠と論拠をまとめて「前提」として紹介しています。厳密には、経験的な事実（データ）を根拠、根拠から主張を導く際に用いられる暗黙の了解や仮定を論拠とよびます。論証について詳しく知りたい方は、「論理表現のレッスン」（福澤一吉，2005）を参照してください。
2. これは科学的な研究の新規性においての議論であり、論理的に当たり前のことを示すことに意味がないわけではありません。たとえば、技術の発展によって今までは示せなかったことを示せたとしたら、それは十分に意味のある研究といえます。

ため，論文ではある程度の飛躍がある主張を，研究の目的として設定することになります。

このように，1回の論証では主張を支持しきれない場合には，**論証を積み重ねる**という方法をとります。比較的小さな飛躍をもつ，確実な論証をおこなうことによって，その論証における主張は次の論証における前提に変わります。もちろん，2回目以降の論証はその前提が100％正しいことが保証されませんが，論を進めるためには，暫定的に読み手に前提を受け入れてもらうことが必要です。このような意味で，論文は論証の連続であるととらえることができます。すなわち，「前提→小さな飛躍→小さな主張＝次の論証の前提」というステップを複数積み重ねていくことによって，最終的にいいたい主張までたどりつきます。この論証の方式をイメージにすると，図3-2Aのようになります。

ただし，論証を直線的に複数回繰り返すことには，ある危険がともないます。つまり，「風が吹けば桶屋が儲かる」の話と同じように[3]，ひとつひとつの論証の妥当性は高くても，最終的な主張の妥当性は低くなってしまう可能性があります。そのような事態を避けるためには，直線的な論証はできるだけ数を少なくする必要があります。このような状況で，論文の最終的な主張の妥当性を高めるためには，包囲型の論証をおこなうという方法があります。これは，異なる前提にもとづく論証を複数回おこない，最終的に行き着く主張は同じであることを示す方法です（図3-2B）。この方法では，直線的な論証の繰り返しによる問題は生じません。ただし，包囲型の論証をおこなったとしても，直線的な論証が不要になるわけではありません。そのため，実際の論文を作成する際には，**直線的な論証**と，**包囲型の論証を組み合わせる**必要があります。

---

3 「風が吹けば砂埃のために目を病む人が多くなり，目を病んだせいで失明すれば音曲で生計を立てようとするから三味線を習う人が増え，三味線の胴に張る猫の皮の需要が増える。そのため，猫の数が減少し，猫が減れば猫が捕まえる鼠の数が増える。鼠は桶をかじるから桶がよく売れるようになり，桶屋が儲かる」という日本のことわざ。

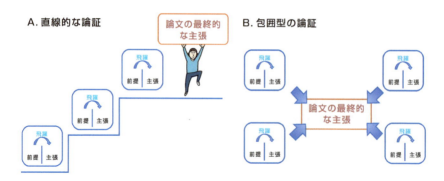

図3-2 論証を積み重ねる2つの方法

最終的なゴール達成させるために，2つの方法を組み合わせることが重要である。

　論文を執筆するにあたって，前提と主張の違いを意識することは，物事を論理的に考えるために非常に役に立ちます。たとえば，学生どうし，あるいは先生との議論がかみあわない場面，あるいは論理的に意味不明な文章があった場合，その原因の多くは論証の構造をしっかりと把握していないことにあります。議論の場合には，前提はまず正しいものとして共有されなければいけません。その確認ができていない状態で議論を始めると，議論に食い違いが生じた際に，前提（データや理論）の認識が間違っているのか，飛躍（推論）の解釈が間違っているのか，あるいは，主張の正しさの程度が問題にされているのかがわかりません。

　論証の間違いが生じる可能性があるのは，前提と飛躍（推論）の作業のどちらかにおいてです。それら両方が正しければ，論証は健全なものになります。飛躍の作業が正しい場合には，論証が妥当であるといいます。また，前提が正しい場合には，前提に信頼性があるといいます。これらの要素は独立であるため，それぞれチェックされなければなりません。論証の妥当性と信頼性が揃ってはじめて，論証は健全とよばれるのです。

　しかしながら，論証が健全であっても，その主張が常に正しいわけではありません。たとえば，水たまりを目の前にしたとき，「水たまりがある→（飛躍）→雨が降ったのだろう」という論証は妥当性も信頼性もあると思われますが，主張は間違う可能性があります。つまり，誰かがバケツの水をぶちまけたなど，さまざまなほかの可能性を考えることができます。このよう

に，論証においては，論証の健全性をクリアしたとしても，主張の正しさは保証されません。言い換えるなら，論証は多くの異なった段階でケチがつけられる可能性があるのです。

このように，論証の健全性と論証の正しさに関する解釈がすべて一致したときにはじめて，「その論証・主張は正しい」と納得してもらえるのです。逆にいうと，論証が正しいかどうかを判断するには，これらすべてについて吟味する必要があります。前提と主張をしっかり切り分けて考え，さらにその間の飛躍の作業をも意識することで，より確実性の高い議論をおこなうことができます。

図 3-3 さまざまなレベルにおける解釈のずれの可能性

前提で解釈のずれが生じると，話がかみあわない原因になる。飛躍が大きすぎたり，説明が足りないと，主張を受け入れてもらえない原因となる。

3.1.3 パラグラフ・ライティング

論文において，論証を記述する際にはルールがあります。それは，**パラグラフ・ライティング**とよばれる文章の書き方です。パラグラフ・ライティングでは，1つの論証を，1つの**パラグラフ**で表現します。より正確には，1つのパラグラフは，**単一の論証**で構成されている必要があります。私たちが普段使用する「段落」という概念には，「長くなったからとりあえず改行しよう」程度のルールしかありません。一方でパラグラフは，1つの主張と，それを支える前提という**ペア**で構成されている必要があります。

今までは説明の簡略化のため，論証の例において前提を1つしか含めていませんでした。しかし，実際の論証では，1つの主張を導出するために，複数の前提が必要なこともあります。前提が複数ある場合には，前提と前提の

関係を明示する必要が出てきます。ときには，研究の主張とは反対の事実や意見も紹介する必要もあるでしょう。1つの論証に関係する要素にはさまざまな種類がありますが，それらが同じ主張をサポートする内容である限りは，複数のパラグラフではなく，たった1つのパラグラフ内で示す必要があるのです。

3.1.4 論証とパラグラフの具体例

　ここからは，具体例を使ってパラグラフ・ライティングの説明をしていきます。その前に，パラグラフ・ライティングにおける用語の説明をしましょう。パラグラフの構成要素についてはもう少し細かい分類を用いることもできますが，本書では以下の3つの要素に分けて説明します。

トピックセンテンス （Topic sentence）	パラグラフの一番初めに位置し，トピックや主張を示す文
サポーティングセンテンス （Supporting sentence）	前提を示す文章。通常は1パラグラフに複数含まれる
コンクルーディングセンテンス （Concluding sentence）	結論を示す文章。パラグラフが長い場合には，トピックセンテンスで主張が明示されていても，同じ内容がくり返されることが望ましい

3.1 論証とパラグラフ・ライティング

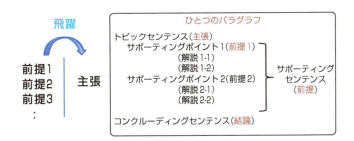

図3-4 パラグラフ・ライティング

　1つのパラグラフには，1つの論証しか含めてはいけない。トピックセンテンスはパラグラフを包括する内容あるいは主張を示す。サポーティングセンテンスでは前提を記述する。パラグラフが長くなる場合には，コンクルーディングセンテンスには再度主張を示すことが望ましい。

A 「問題」のセクション

　まず，「問題」や「はじめに」において，先行研究の紹介をする場合を考えてみましょう。**トピックセンテンス**が「錯視については数多くの報告がある」というセンテンスであれば，そのパラグラフは，「錯視についての数多くの報告がある」という主張を支える根拠を提出しなければいけません。すなわち，「Aは○○であることを報告した。Bは○○であることを発見した。Cは○○を明らかにした。」などです。これらは，**サポーティングセンテンス**にあたります。今回は，錯視の研究が「数多くある」ことが主張となっているため，1つの研究の紹介（あるいは引用）だけでは十分な根拠とはなりません。そのため，数多くの研究を紹介する必要があります。さらに，錯視の研究以外の研究の紹介は，**トピックから外れるため，含んではいけません**。たとえば，結論として「これらの錯視をもとに，本研究は○○を検討した。」などと入れるのも厳密にはNGです。錯視の先行研究を紹介するパラグラフには，「本研究の実験」の話は入るはずがないためです。このような場合は，トピックセンテンスを変えるか，新たなパラグラフを設ける必要があります。**コンクルーディングセンテンス**では，トピックセンテンスで述べた主張をくり返し述べます。ただし，まったく同じ文章を登場させるのも不恰好ですので，言葉の抽象度や言い回しを工夫することによってバランスをとりましょう。そのため，今回のパラグラフにおいては，「このように，○

○や○○といった側面に関しては，既に多く知見が蓄積されている。」などとまとめるとよいでしょう。

B 「方法」のセクション

「方法」において，「なぜその手法を用いたのか」に対する説明は，ある種の主張になります。そのため，パラグラフは「本実験では，○○という手法を用いた。」というトピックセンテンスで始め，その後にサポーティングセンテンスを続けて，その手法を用いた正当性を論証する必要があります。ただしいっぽうで，コンクルーディングセンテンスを導入しにくい場合も多くあります。「方法」のおもな目的は手順の解説であるため，そのような場合は，コンクルーディングセンテンスは省いても構いません。しかし，トピックセンテンスにおいては，当該のパラグラフでどのような内容が解説されるのかが明確に示されなくてはいけません。また，トピックから外れた内容は同じパラグラフに含めないように注意しましょう。複数のトピックが含まれると感じた場合には，パラグラフを2つ以上に分けるか，トピックセンテンスを修正することで対応します。

C 「結果」のセクション

「結果」においては，実験の結果（データ）が前提にあたり，その結果が意味するものが主張になります。しかし，ステップ1で見てきたように，結果のセクションには考察は加えてはいけません。そのため，あくまで「結果」というカテゴリーに収まる程度の**飛躍の小さい論証**をおこなう必要があります。たとえば，反応時間のデータを t 検定を用いて分析した場合を考えます。トピックセンテンスでは，「実験の結果，A群はB群よりも刺激に対して速く反応したことがわかった。」などと，重要な結論を先に述べることが望まれます。この時，「反応時間」という単語を使っても問題ありませんが，トピックセンテンスではできるだけ**一般的な言葉を使う**ほうがよいでしょう。トピックセンテンスで結論を述べた後は，具体的な反応時間の平均値やSD，そして統計検定結果を記述します。これらがサポーティングセンテンスです。コンクルーディングセンテンスでは，「したがって，A群の反応時間はB群よりも短いことが明らかとなった。」などとするとよいでしょう。ただし，「結果」セクションにおける論証は飛躍も少なく，分量も少ないこ

とが多いため，コンクルーディングセンテンスをが不要な場合もあります。しかし，構造上はコンクルーディングセンテンスがあったほうが望ましいため[4]，サポーティングセンテンスが短い場合には，トピックセンテンスで結論（主張）を述べず，単に**トピックの提示のみで終わらせる**こともできます。たとえば，トピックセンテンスを「まず，反応時間の群間差について検討した。」などとすると，コンクルーディングセンテンスに主張をもってきやすくなります。

D 「考察」のセクション

「考察」の場合には，結果や考察のまとめをおこなうパラグラフ以外は論証をすることが求められます。考察をおこなう場合にはとくに，「どこまでが単一の論証なのか」をよく意識することが重要です。パラグラフは，考えたことのまとまりではなく，思考を読み手に示す際の論理のまとまりです。そのため，考えたとおりに書いていっても，綺麗なパラグラフ構造にはなりません。文章を書き進めながら，パラグラフを途中で2つに分けたり，統合したりと，さまざまな試行錯誤を繰り返す必要があります。**1パラグラフには1つの主張（結論）しか含んではいけない**というルールを大原則としてください。「考察」セクションにおけるパラグラフは，他のセクションよりもトピックセンテンスとコンクルーディングセンテンスに主張を持ってきやすいでしょう。図3-5に示すように，主張（結論）でさまざまな根拠を挟むという，サンドイッチのような構造をイメージすると，パラグラフ構造の文章を書くことに役立つかもしれません[5]。

---

[4] なぜ望ましいかというと，パラグラフ・ライティングに慣れている人は，トピックセンテンスとコンクルーディングセンテンスにまず目を通すためです。そしてもし，2つのセンテンスに書いてある内容が等しければ，「論理的に書いているのだな」という判断を下します。パラグラフ・ライティングは英語では当たり前の文章作成技術であり，論文もこれに従って書かれなければいけません。ただし残念ながら，日本の教育ではこの技術は浸透していないため，教員や研究者でもしっかり書くことは難しいのが現状です。

[5] 論文のような難しい文章の場合は，結論でサンドイッチする手法は非常に有効です。それは，「結論→根拠（論証部分）→結論」というサンドイッチだと，あらかじめどのように話が進むのか予測でき，最後にまたその結論が確認されるためです。

ステップ3 よい論文を書こう

図3-5 パラグラフ構造のイメージ

パラグラフ・ライティングをする際は,「結論→根拠→結論」というサンドイッチ構造を意識する。

ここだけは理解しよう!

　論証は前提と主張から構成され,前提から主張へはある程度の飛躍が求められる。しかしながら,飛躍は大きすぎても小さすぎてもよくない。論文においては,意味のある主張をするためには,小さな飛躍をもった論証を複数おこない,それらを適切に組みあわせる必要がある。その際,1つの論証は1つのパラグラフに対応する。これをパラグラフ・ライティングという。パラグラフ・ライティングはサンドイッチのような構造をしている!

3.2　論理的な文章の書き方

　文章はわかりやすく書く必要があります。わかりやすくないと，いいたいことが伝わらないからです。わかりやすく，論理的に正しい文章を書きやすくするためのコツとして，本書ではまず，**一文一義**という手法を紹介します。一文一義ではなくても論理的な文章は書けますし，わかりやすい文章も書けます。しかしながら，皆さんが論文を書くことに慣れていない場合，できるだけ一文一義を意識した文章を書くことをおすすめします。また，論理的な文章を書くためには，文と文の関係性を示す**接続語句**が重要な役割を果たします。3.2では，一文一義と，文と文の関係性を示すテクニックについて，簡単にですが，順に解説していきます。

▶ 3.2.1　一文一義

　一文一義とは，1つの文には1つの意味のみを含むということを意味します。逆にいうと，1つの文に2つ以上の意味を含まないということです。この手法を用いることには大きな2つのメリットがあります。1つめは，読み手が文の意味内容や論理構成を把握しやすくなるという点です。これは，一文が短くなることによってもたらされます。2つめは，書き手が論理的な文章を構成する際に役立つという点です。なぜなら，文をできるだけ小さな意味単位に区切ることにより，文と文の関係性（つながり）を意識せざるを得なくなるためです。

　もう少し具体的に考えてみましょう。まず，一文一義にすると，必然的に文章が短くなります。そのため，文章を読む際の認知的な負担が減ります。この負担の軽減は，読み間違いなどのエラーを減らすことにつながります。次に，文章の論理的な構造がはっきりします。一文一義にすると，文のなかから**接続助詞**が抜けます。接続助詞とは，「…して」「…ため」「…が」「…ものの」などです。これらの接続助詞が省かれると，その代わりに「同時に」「したがって」「しかし」「それにもかかわらず」などの**接続語句**を使用しなければなりません。句点「。」のあとの接続語句は，接続助詞よりも意味が強くなります。そのため，論理構造をより意識しないと，文と文がうまくつ

ステップ3 | よい論文を書こう

ながらなくなります。このような仕組みが，一文一義における論理的な読み・書きをもたらします。

一文一義の修正例

医療のアウトカムの指標として QOL の重要性が高まった背景の1つとして，医学の進歩による急性疾患が少なくなったことに加えて，社会の高齢化の影響で慢性的な疾患の比重が増えたことが挙げられる。（心理学ワールド，2014）

⬇

医療のアウトカムの指標として QOL の重要性が高まった。その背景の1つとして，医学の進歩による急性疾患が少なくなったことがある。これに加えて，社会の高齢化の影響で慢性的な疾患の比重が増えたことも挙げられる。

3.2.2 文と文の関係を意識する

　文章を論理的に書くうえで，「接続助詞→接続語句」の置き換えは非常に重要です。なぜなら，先ほど述べたように，接続語句を使った場合には，文と文の関係を普段よりも強く意識せざるを得ないためです。また，ある文が二義を含んだ場合，その次に続く文との関係が曖昧になります。つまり，文と文をつなぐ接続語句が，先行する文のどちらの意味との関係を示しているのかが判断できないためです。一文一義では，そのような事態も避けることができます。このように，文と文との論理性を保つためには，一文一義で書くことが有用だと考えられます。

　論文において，すべての文章を一文一義で書かなければいけないわけではありません。文章の長さや流れなどを考慮し，読みやすさを優先させた結果，一文二義になってしまう場合もあるでしょう。**論文で一番重要なことは，論理的であること**です。そのため，一文一義でなくても，論理的な文章であれば問題はありません。ただし，論文を書くことに慣れていないうちは，論理的に考えをまとめ，伝えることは非常に難しいことです[6]。そのため，まずは一文一義のテクニックを用いて，論理的に文章を書くことにチャレンジしてみてください。文章をうまくまとめるのは困難ですが，よいトレ

---

[6] 思考というものはそもそも論理的ではありません。そのため，思考をそのまま文章にしても，他者には伝わりません。思考を他者に伝える形式が，論理というルールなのです。

ーニングになるでしょう。

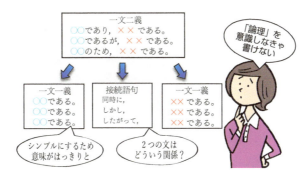

図3-6 一文一義による文の分解

一文一義にすることによって，通常の文章よりも，「論理的に書かなければいけない」という意識が生じる。

3.2.3 単語を重複させる

　最後に，一文一義とは別の，文を論理的に構成していく際に便利なテクニックを紹介しましょう。そのテクニックとは，連続させる文において，単語を重複させるというものです。前の文に使用した単語を次の文でも繰り返して使用することによって，**文と文との意味的なつながり**がわかりやすくなります。また，このような工夫によって，話がいきなり違う方向へ飛んでしまうことも防がれます。さらに，文と文の関係を示す接続語句の使用を少なくすることもできます。この仕組みを，図3-7に示します。

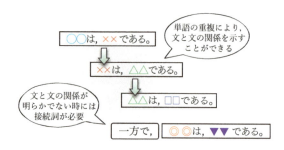

図3-7 文と文における単語の重複

論理的な文章において,「つながりのない文」「関係のない文」は必要がない。同じ単語を用いることで,接続語句を用いなくても,文のつながりが明確になる。

　図3-7においては,連続する文が同じ単語を共有することによって,その**単語が文どうしをつなぐ役目をしている**ことがわかります。さらに,図3-7の一番下の例のように,同じ単語が次の文で登場しない場合は,文同士の関係性を明示するため,接続語句を使用したほうがよい場合が多いでしょう。ただし,次の文にどのような内容が来るか予測しやすい場合,あるいは文と文同士の関係性が明らかな場合には,必ずしも接続語句や文同士に共通の単語は必要ありません[7]。逆に,文同士に共通の単語があっても,文と文の関係によっては,接続語句が必要な場合もあります。

　くり返す語句は,同じ意味内容の言い換えでも構いません。ただし,言い換えを使用するときには,読み手にわかりやすくすることが大事です。たとえば,前の文において動詞で表したものを,次の文では名詞で受けたりする方法や,似たような意味の単語（同意語）を使う方法があります。文章が単調にならないようにするためには,これらの方法は有効です。ただし,とくに論文においては,用語は厳しく定義される必要があるため,むやみに言い換えることは混乱の原因にもなります。したがって,慣れないうちは同じ単語の繰り返しでもよいでしょう。また,指示語も文と文とのつながりをつくる言葉です。指示語を使用する際には,「これ」「それ」は使用せずに,できるだけ「この〜」「その〜」と名詞を修飾する形で用いてください。この作

---

[7] 世の中には,「接続詞が不要なほど,文同士の関係性が明らかな文章を書くべし！ だから接続詞なんて使わない！」と主張する人もいます（そういう本も出ています）。文どうしの関係性が明らかな文章を書くことには大賛成です。しかし,読み手の負担・読み間違いの可能性を減らすことを第一に考えれば,適切な接続語句を使ってわかりやすい文章を書くことが望ましいでしょう。

業によって，指示語がさす内容が明確になり，読みやすさが向上します。

　ちなみに，「ちなみに」「さて」「やはり」などの言葉は，論理的な文章をめざすならば控えたほうがよい要素です。なぜなら，「ちなみに」は文章の流れ（論理）そのものとは関係のない話を導く際に，「さて」は話題を転換する際に，「やはり」は論理的なステップを無視して結論を導く際に用いられることが多い言葉であるためです。

ここだけは理解しよう!

　論文は，論理的である必要がある。これに加えて，読み手の認知的な負担や読み間違いの可能性の少ない，わかりやすい文章である必要もある。このような目的のためには，一文一義で文章を記述することが有効である。この方法をとることによって，執筆時に文章の論理性を意識することができ，結果的に論理的なミスが起こりにくくなる。さらに，読み手の負担や読み間違いを軽減することにもつながる。また，文と文の論理的な関係性を示すためには，接続語句・指示語の使用や，単語のくり返しなどが有効な手段となる。

コラム

言葉の使い方,補足

　このコラムでは,レポートの採点をしていて頻繁にみかける言葉の使い方の間違いを紹介します。論文は小説ではありませんので,冗長さや曖昧さを嫌います。そのため,誤解を生むような表現,正確ではない言葉を使うことは許されません。皆さんも以下に示すような言葉を使っていないか,レポートの提出前にぜひ確認してみてください。

論文の言葉を使おう

「よって」→「したがって」「そのため」
「〜ので」→「〜のため」
「指示した」→「教示した」「求めた」
「だ」「のだ」→「である」
「だった」→「であった」
「だと思う」「だろう」「かもしれない」「ではないか」→「可能性がある」など
「予想した」→「予測した」

できるだけ短く簡潔な表現を心がける

「であるといえる」「支持されたといえる」→「である」「支持された」
「だと思われる」→「である」
「検討していく」→「検討した(する)」
「結論づけた」→「結論した」(ただし,「結論」は多用しないこと)
「考えることができる」→「考えられる」「可能性がある」「示唆される」

終わったことは過去形に

「目的とする」→「目的とした」
「検討する」→「検討した」
「仮説とする」→「仮説とした」

細かいところも忘れない

文中のカンマは全角
インデントの空白は全角
統計記号は斜体
直接引用は「」

その他

　意味のない省略語を用いることもやめましょう。たとえば，ミュラーリヤー錯視の先行研究を日本語文献で探すと，本文中でML錯視とよんでいる文献もみつかりますが，これは一般的なよび名ではありません。そのよび名がスタンダードであったり，とても長かったり，あるいは難しい場合には省略語を用いることに意味があります。しかし，そうでない場合は，極力使用しないことが求められます。

　また，先行研究の文献の言葉づかいは常に正しいわけではありません。とくに古い文献や，査読の甘い雑誌，あるいは分野の異なるものは，標準的な言葉づかいをしていないものも多く存在します。たとえ自身では慣れていなくても，正しい言葉づかいを使用することが論文を提出するうえでの礼儀です。

3.3 仮定と仮説と予測

　仮定と仮説と予測，これら言葉の違いを説明できるでしょうか？　多くの読者の皆さんはなかなか区別が曖昧なのではないでしょうか。これらの用語はすべて異なる意味をもち，かつ，その使い分けも非常に難しい言葉です。これらの用語の大きな違いは，命題（主語と述語をもった文によって表現される内容）の抽象度の違いです。なんだかすでに難しそうですね。具体的な例を挙げてそれぞれの性質を確認していきましょう。

> **仮定**　仮に定められた命題であり，理論を構成するもの。抽象度が高い。
>
> **仮説**　仮定から演繹された命題であり，実験に依存しない。抽象度は中くらい。
>
> **予測**　仮説から演繹された命題であり，実験に依存する。抽象的な要素はない。

　図3-8に3つの言葉の関係のイメージを示します。仮定がもっとも抽象的であり，イメージとしては仮説を形づくるブロックです。仮定を複数組み合わせたものを理論とよびます。仮説は仮定を組みあわせてできるもので，現実世界に生じる現象をあるていど抽象的に表現している必要があります。予測は，実験を用いて仮説を検討する際に，実験結果がどうなるかを示したものです。

図3-8 仮定と仮説と予測の抽象度の違い

　予測は結果や現象と同じレベルの具体性をもつ。予測や結果は，特定の時間における特定の現象をさす言葉である。それら複数の現象を共通の表現で説明するのが仮説である。そのため，仮説の抽象性は予測よりも高くなる。仮定は仮説を生み出すメカニズムを説明する命題であるため，そのひとつひとつは仮説よりもさらに抽象性が高くなる。

3.3.1 観察語と理論語

　3つの用語の具体的な説明に移る前に，よく出てくる用語を覚えましょう。まず，実際に「観察」できる具体的なものを示す言葉を観察語とよびます。これには，反応時間や，正答数，性格傾向の得点などがあてはまります。次に，そうではない言葉，抽象性を含む言葉は，理論語とよばれます。たとえば，注意や努力は理論語に含まれます。しかし，**理論語も操作的に定義すれば，観察語として扱うことができます。**ある単語が理論語なのは，意味が曖昧で，観測・計測できないためです。そのため，その単語を具体的に定義することによって，理論語は観察語として扱うことができます。たとえば，実験をするときに，「視覚あり条件」といったような言葉を使用することがあります。しかしながら，「視覚あり条件」という言葉自体は，初めて見たときには抽象的で，何のことだかわかりません。それでも，「視覚あり条件とは○○のような条件だよ」と定義することにより，その言葉が具体的に何をさしているのかが明らかになります。このような処理によって，「視覚あり条件」を観察語としてあつかうことができます。**観察語は，現実世界で実際に扱うことができ，読者が皆同じものを想像できるくらい具体的なもの**，と覚えましょう。

> **観察語** 私たちの五感で観察，あるいは機械で計測できるものをさす単語。
> **理論語** 観察・計測できないものをさす単語。操作的な定義をすることで，その単語は観察語として扱うことができる（ただしその定義が常に正しいとは限らない）。

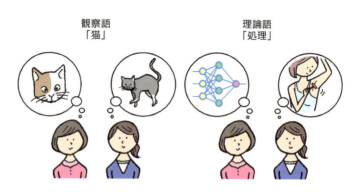

図3-9 観察語と理論語の違い

　観察語はそれがさし示すものを複数の人間や機械が「観察」できる具体的な単語である。理論語は，それがさし示すものが曖昧であり，その単語だけからは共通の「観察」にはいたらない用語である。ただし，文脈によってそのとらえ方は異なる。「猫」を観察語としてとらえるか，理論語としてとらえるかは，どれだけ「猫」に具体性をもたせる必要があるかによる。

3.3.2 予測

　3つの用語のうち，まずはもっともわかりやすい用語である予測から説明していきましょう。**予測とは，いまだ観察されていない，具体的な1つの事例を意味します**。そのため，抽象的な要素は含まず，実験結果と同様のレベルの言葉で記述される必要があります。たとえば，実験の準備段階でウトウトしてしまい，いい実験結果を得た夢を見たとしましょう。目が覚めてあなたは，嬉しげに「条件Aの反応時間は条件Bよりも長かった」などと，具体的な内容をノートに書き留めます。あとでそれが夢だと気づいてがっかりしてしまうかもしれませんが，これがまさに予測の表現なのです。予測に曖昧さは不要です。このように，予測の命題に含まれる単語はすべて観察語であ

る必要があります。予測において重要なことは，①仮説から演繹されること，②実験に依存すること，③抽象的ではなく具体的であることの3点です。以下に具体例を出して考えていきましょう。

　予測「注意と反応刺激の空間的位置が一致したときの反応時間と正答率は，それらが一致していないときよりも優れている」

　上に示した予測の例について，単語が観察語かどうか，1つずつチェックしていきましょう。「注意」それ自体は観察語ではなく理論語ですが，注意を向けた状態を実験的につくっていれば，注意は操作的に定義可能です（たとえば，視線は画面の中央を向けつつも，画面の左側を持続的に気にしている状態を，注意が左にむいている状態と定義可能です）。ここでの「反応刺激」は，ディスプレイに出てくる記号をさします。「反応刺激」自体はそのままでは何をさすのか不明ですが，実験場面では具体的なものを想定しているため，観察語となります。「空間的位置」も同様に，実験場面では対応したものがあるため，観察語としてとらえて問題ありません。すなわち，今回の実験であれば，ディスプレイの右あるいは左といった対応要素です。注意と刺激の「空間的位置の一致」も上記のように具体的な位置が決まっているため，一致（および不一致）は明確に判断可能です。反応時間と正答率は，計測可能であるため，同様に観察語です。最後に，それらの従属変数が「優れている」という表現に関しては，反応時間は早い（数値が小さい）ほうが優れていて，正答率は高い（数値が大きい）ほうが優れていることは一般的なコンセンサスであるため，大きな問題はないでしょう。今回は，2つの変数の予測をまとめて示しているため，「優れている」という表現が選ばれています。このように，上に挙げた予測の例では，すべてが観察語で構成されていることがわかります。いまだ観察していない内容でありつつも，観察語で表現されているために，予測と結果は直接比較が可能なのです。

▶ 3.3.3　仮説

　予測が1つの具体的な事象であったのに対し，仮説は現実世界に生じる現象をまとめて表現したものです。現象をまとめているため，実験依存的な表

現ではなく，ある程度は抽象度が高い必要があります。先ほどの予測と対応する仮説の例を確認してみましょう。

仮説「空間的な選択的注意は刺激の情報処理を促進する」

「空間的な選択的注意」は，予測にあった注意と空間に関する内容を，より一般的な表現に書き換えた概念です。概念を用いているため，抽象性があり，具体的な場面にとらわれることのない表現となっています。そのため，この概念は理論語とよんでもよいでしょう。「刺激の情報処理」に関しても，具体的な処理の内容が定義されていないため，理論語です。同様の理由で，「促進」についても，処理の内容が不明であるため，具体的にどのような「促進」が生じるかも不明です。このように，仮説はほぼ理論語で構成されています。ただし，仮説は必ずしもすべてが理論語である必要はありません。仮説において重要な点は，「定義さえすればすぐに観察語になりうるような抽象性である」ことです。つまり，ある場面を想定すれば，仮説からすぐに具体的な予測を導き出せる必要があります。

とても大雑把にいうと，果物という表現が仮説，桃という表現が予測です。果物は現実に存在するさまざまな種類の植物の実をまとめた概念であり，桃は果物の1つの例です。たとえば，「果物は甘い」が仮説であるとするならば，「桃は甘い」が予測となります。

3.3.4 仮説と予測の関係

次に仮説と予測の関係をくわしく調べてみましょう。予測は仮説から導かれなければいけません。すなわち，予測は仮説の具体的な言い換えになっていなければいけません。言い換えということは，それぞれの文の表現どうしにもそれぞれ対応がある必要があります。

仮説
　「空間的な選択的注意は刺激の情報処理を促進する」
予測
　「注意と反応刺激の空間的位置が一致した時の反応時間と正答率は，
　それらが一致していない時よりも優れている」

図3-10　仮説と予測の対応関係

仮説と予測の表現は，対応していないといけない。「促進する」という言葉は二つ以上のものを比較することを含意しているため，予測では比較表現が追加されている。

　図3-10に，仮説と予測の例を並べて示します。この図では，対応のある表現を同じ色の枠で囲っています。今回の予測は，2つの条件間で従属変数を比較することが前提の命題であるため，仮説と予測の構造は完全には一致していません。それでも，**抽象度は異なるものの，2つの文では同じ意味内容**が表現されているのがわかると思います。まず，仮説の「空間的な選択的注意」は，予測では「注意と反応刺激の空間的位置」の一致・不一致で表現され，具体的な状況に対応しています。次に，「刺激の情報処理」は，「反応時間と正答率」によって反映・計測されるものであるという考えに従って，観察語として具体化されています。「促進する」という言葉は，反応時間と正答率という指標にあわせて「優れている」という言葉に変わっています。このように，**仮説と予測にはしっかりとした対応関係がある**ことがわかります。

　予測で新たにつけ加えられた点としては，「一致しているとき」と「一致していないとき」に関する比較です。これは，仮説において，選択的注意が「ある」と情報処理を促進し，「ない」と促進しないことが暗に仮定されているためです。そのような**仮説の含意を，予測で明示した結果**，このような比較の表現となっているのです。実際に皆さんがこの予測を実験を通して検討する際は，2つの条件を，統計的仮説検定を用いて比較することになります。その意味でも，このような比較形は適切であるといえます。

3.3.5　仮定

　仮定という概念は非常に難しいため，上級者向けのくわしい解説は他書に

ゆずり，本書では全体像を把握する程度の簡単な説明をおこないます。仮定とは，仮説よりもさらに抽象度が高いレベルの命題です。仮説が現実世界の現象を抽象的にまとめた表現である一方，**仮定はその現象がなぜ生じるのかを説明するためのルール**です。一般的に，仮定の集まりを理論やモデルとよびます。ここで覚えてほしい重要なことは，仮説と仮定はレベルが違うこと，そして理論とよばれるものは仮定のレベルに属すること，の2点です。

仮定と仮説の間にも対応関係があります。ただし，仮説は仮定をいくつか組みあわせて演繹されることも多いため，必ずしも仮定と予測のような一対一の関係にはなりません。また，仮定そのものと，現実の現象との距離が大きいため，仮説を支持する結果が得られたとしても，それだけでは"仮定が正しい"ことにはなりません。

心理学研究では，理論（仮定）を立て，その理論から導かれた仮説をもとに，仮説を検証する実験計画を立てます。その際に出てくるのが，予測です。予測がもし正しければ，仮説が支持されます。このとき，立てていた理論が正しいことが示唆されるのです。実験では，予測と結果が一致したことしか観察できません。そのため，仮説が100％正しいといい切ることは，理論上できません。そして，仮定は仮説よりもさらに抽象度の高い命題であるため，仮定が正しいことも1つの実験結果からは決して判断できません[8]。

図3-11 仮定・仮説・予測の関係

研究では，仮定から仮説を演繹し，仮説から実験に即した予測を導き出す。予測と実験結果を比較することにより，仮説や仮定の確からしさを検討する。

---

[8] 仮定の正しさはいつまでたっても検証されないかというと，そのようなことはありません。実験のレベルを変えることによって，今まで検討できなかった仮定も検証できるようになります。また，仮説・仮定を支持する実験結果を積み重ねることで，仮定の確からしさは上昇していきます。

ここだけは理解しよう!

仮定と仮説と予測は，命題の抽象度が異なる。仮定がもっとも抽象度が高く，理論やモデルとよばれることもある。仮説は現実世界の事象を説明する命題であり，ほとんどの場合，理論語で記述されている。予測は観察語で記述されており，結果と直接比較可能な形式で表現される。これら3つの命題には対応関係が存在し，心理学実験では予測が結果と一致することにより，仮説が支持され，仮定が正しいことを示唆することができる。

3.4 独立変数と従属変数

実験研究には独立変数と従属変数がつきものです。3.4では，簡単にこの2つの区別について紹介します。

3.4.1 独立変数

まず，独立変数とは，実験的に操作する変数（要因）です。たとえば，2つの条件（左右の手）における反応時間の成績を比較する実験を実施するとしましょう。このとき，独立変数はどちらの手を使うかであり，名詞で表現すると，手の側性（Laterality）です。また，この独立変数によって，左手条件と右手条件がつくられます。条件は群という言葉に置き換えても構いません。統計学的な観点では，条件は水準という用語に相当します。この関係を図式化したのが図3-12です。

図3-12 独立変数と条件の関係

独立変数が条件を分ける基準となる。

　図に示すように，独立変数と条件のレベルは異なる点に注意が必要です。すなわち，独立変数は**条件や群を分ける基準**となる**概念**である一方で，条件は分けられた結果の**具体的なグループ**です。そのため，論文には，「独立変数は左手条件と右手条件であった」などと書いてはいけないわけです。代わりに，「独立変数は反応手の側性であった。側性に関する条件として，左手条件と右手条件を設定した。」などと記述するのが正しい，ということになります。独立変数と実験の具体的な条件を混同しているレポートをよくみかけるので，両者を混同しないように気をつけましょう。

▶ 3.4.2　従属変数

　次に，従属変数の説明をしましょう。こちらは独立変数より簡単です。**従属変数**とは，**測定される変数**をさします。たとえば，反応時間とか正答率などです。言葉としては，独立変数がIndependent variable，従属変数がDependent variableの訳です。独立⇔依存（従属）という正反対の意味ですね。独立変数と従属変数の関係を先ほどの図に追加すると，図3-13のようになります。

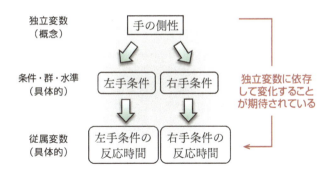

図3-13 独立変数と従属変数の関係

独立変数によって操作された群ごとに，従属変数を測定し，まとめる。

　従属変数は，独立変数を操作することによって，**依存的に変化すること**が期待されています。もちろん，実験によっては結果的に変化しないこともあるでしょう。独立変数は「操作する」もの，従属変数は「計測される」もの，と覚えましょう。

ここだけは理解しよう！

　独立変数は操作する変数であり，条件を分ける基準となる概念である。従属変数は計測される具体的な変数であり，独立変数に依存して変化することが期待されている。心理学演習レポート内では，独立変数と具体的な条件を混同するミスがしばしばみられるので，それらを混同しないように注意する。

3.5 アブストラクト・サマリー

　皆さんは，アブストラクトとサマリーという言葉の違いを知っているでしょうか？　言葉の意味としては，アブストラクト（Abstract）は要旨，サマリー（Summary）は要約やまとめという日本語に対応します。一般的にはあまり違いを意識することのないこれらの用語ですが，科学論文においては厳密に違いが存在します。実験演習のレポートでは，アブストラクトやサマリーを記述することは少ないと思います。卒業論文では，書かなければいけない大学もあるかもしれません。しかしながら，学術誌に掲載されるような科学論文では，少なくともどちらかは必ず書かなければいけません。そのため，書く機会がないとしても，論文を読む際にはどちらかを必ず目にするでしょう。3-5では，これら2つのスタイルの違いについて紹介します。

3.5.1　アブストラクト＝焦点化

　アブストラクトは，一言でいうと，その論文における**大事な内容**です。一般的には，アブストラクトは本文の前（タイトルのあと，かつ「はじめに」や「問題」の前）に位置することが多いです。また，アブストラクトは，タイトル，キーワードや著者情報と同様に，必ず一般公開されています[9]。私たちがキーワードをもとに文献を検索する場合を考えてみましょう。検索結果が出るとまず，タイトルを見ます。タイトルを見て，自分が欲しい論文だと思ったら，次にアブストラクトを読みます。アブストラクトはタイトルよりも情報量が多いため，その論文の重要性，つまり読むか読まないかを判断する大きな手がかりになります[10]。逆にいうと，アブストラクトは，書き手がもっとも伝えたい内容，あるいはその論文の強みがはっきりと表現されていないといけません。このように，その**論文の焦点が簡潔に説明されている**部分がアブストラクトとなります。

　重要な情報を絞って記述する，ということは，**重要ではない情報は載せない**，ということです。学術論文には，さまざまな要素が含まれています。背景，きっかけや目的にはじまり，方法，結果，考察，意義，研究の限界や展

---

[9] 論文自体は雑誌（週刊○○と同じ）の記事に相当するものなので，本文は有料であることが多いです。
[10] 心理学演習の授業で皆さんが提出するレポートに関しては，その内容にかかわらず，教員はすべて目を通すので安心してください。

望など多岐にわたります。これらはもちろんすべて大事な要素ですが，論文には必ず**メインの主張**があるはずです。その主張を支持する証拠を示すために，大変な実験や解析をおこない，長々と文章を書くのです。アブストラクトは，そのメインの主張を述べるために必要かつ最小限の背景や方法を簡潔に記述し，それ以外は省く必要があります。さらに，論文が掲載される雑誌ごとに文字数やスタイルの制限がありますので，それらに従う必要もあります。基本的には背景，方法，結果，結論（の重要な部分）という流れで書かれることが多いです。

3.5.2　サマリー＝圧縮

一方，サマリーは全体の内容を一様に圧縮したものです。したがって，主張がわかりやすくフォーカスされているよりも，その論文全体の綺麗な縮図になっているほうが，よいサマリーということになります。そのような意味で，アブストラクトよりも客観的・機械的なまとめといえるでしょう。分量としては，短い場合も長い場合もあるので，一概にどの情報を含めばよい，ということはいえません。その論文に書かれていることを，**淡々と手短に記述する**，というスタイルだと考えてください。

ある程度長い分量のサマリーを書く場合には，パラグラフのトピックセンテンスを拾っていくだけで書けてしまいます。もちろん，パラグラフ・ライティングが上手にできている場合に限ります。パラグラフ・ライティングでは，トピックにそのパラグラフのトピック（何が書かれているか）や結論が書かれているはずなので，サマリーとしては，**トピックセンテンスを順につなげていくだけでよい**のです。サマリーは，箇条書きで書くことを求められる雑誌もありますし，考察の最後にそのようなパラグラフが設けるように指定している雑誌もあります。

アブストラクト （要旨）	サマリー （要約・まとめ）
・簡潔 ・重要な内容・主張に焦点 ・背景，方法，結果，結論	・分量はさまざま ・客観的 ・論文の縮図

図3-14 サマリーとアブストラクトの違い

　論文で読むアブストラクトは，結論が書かれていないものもたまに存在する。そのような書式がよいか悪いかは別にして，その研究における背景や問題意識，実験手法に重点を置いた結果，そのような構成になったのだと考えられる。一方で，サマリーの場合はそのように，何か1つの要素が足りないということは基本的には許されない。

ここだけは理解しよう！

　アブストラクトは要旨と訳され，論文の主要な主張を伝えるために構成された簡潔な文章である。科学雑誌においては，本文の前に位置することが一般的である。サマリーは要約やまとめと訳され，論文全体の縮図としての役割を果たす。サマリーの分量は短いことも長いこともあり，アブストラクトに比べて客観的に記述されることが特徴的である。ステップ3における「これだけは理解しよう！」は，どちらかというとサマリーである。

3.5 アブストラクト・サマリー

― コラム ―

ヒト・動物を対象とする研究の倫理

　心理学では，ヒトや動物を対象に実験・研究をおこないます。日本心理学会が発行している倫理規程（2009）によれば，そのような心理学の研究においては，次の3点において責務を負うことになっています。すなわち，①社会に対して，②個人に対して，③学問に対してです。1点めの社会に対しての責務は，心理学を研究し社会に役立てること，および心理学の知識を乱用して社会をだましてはいけないということです。2点めは，研究対象者の基本的人権を侵してはならず，ヒト以外の動物に対しても生命の尊厳を尊重する責務があるということです。3点めは，研究活動において嘘はついてはならず，科学的に真摯な姿勢で研究にとり組まないとならないということです。とくに2点めと3点めに関しては，年々そのとり決めも厳しくなっています。最新版の「執筆・投稿の手びき」（日本心理学会）には，研究が「公益社団法人日本心理学会倫理規程」に則っている必要があることが明記されており，投稿時点では倫理チェックリストも同時に提出することが義務づけられるようになりました。

　基本的には，どのような心理学実験・研究であろうと，倫理上の責務を遵守している研究であることを，倫理委員会に認めてもらわなければ研究を実施できません。倫理委員会は，通常大学などの研究機関にはそれぞれ設置されています。教育目的でおこなわれる心理学演習などの実験では，そのような**手続きは省かれることが多いですが，守られなければいけない責務は依然として変わりません**。近年では，卒業論文に対しても，研究計画を倫理委員会に提出し，承認を受ける必要がある大学もあるようです。そのため，本書ではステップ1において倫理指針の遵守に関する記載の項目を設けました。

　論文に記載する倫理指針はおもに②の個人に対する責務に該当するものですが，心理学研究をおこなう際には，①〜③のすべての責務を負わなければいけないことを忘れないようにしましょう。

ステップ3　よい論文を書こう

3.6　実験統制方法1：ばらつきを排除する方法

　ここからは，実験統制法について紹介します。心理学演習の授業では，実験におけるさまざまな統制方法について学習することでしょう。3.6および3.7は，その授業の予習・復習あるいは補習だと思ってもらって構いません。また，卒業論文の研究計画を立てる場合にも参考になるかもしれません[11]。

　そもそも，なぜ実験では統制をしなければいけないのでしょうか？　それは，人の反応を計測する作業には，必ず大きなばらつきがつきまとうためです。もし計測の部分をすべて機械任せにしたとしても，人の反応を計測する以上，状況は変わりません。刺激に対する反応を計測するような実験においても，質問紙のように意識的な回答を得る場合においても同様です。人の反応はさまざまな要因に左右され，常に一定であることはあり得ません。このような状況において，本当に興味のある値（真の値）を得る可能性を高めるために，心理学はさまざまな実験手法を開発してきました。

3.6.1　試行回数を増やし，平均値を算出する

　複数回試行のおこなった場合，一般的にはその**平均値**を代表値とします。心理学においてはこの方法が，もっともスタンダードな統制方法でしょう。人の反応および計測は，多かれ少なかれ，毎回ばらつきます。すなわち，毎回異なる大きさのランダムな誤差が含まれてしまいます。ランダムにばらつく誤差のことを，**ノイズ**とよびます。このノイズによる問題を，複数の測定値を平均化することによって解決します。反応や計測にノイズが乗るということは，計測される値は，反応に関する真の値とノイズが足しあわされたものだということです。ノイズの影響は真の値を中心にランダムに発生すると考えられるため，複数の計測値を平均することで，ノイズの影響を理論的には除去できます。この方法を，図3-15に図式化しました。

---

[11] 本節の目的はあくまで，実験統制の概念・手法をしっかりと理解し，その知識を論文にいかすというものです。そのため，それぞれの手法についての詳細には立ち入りません。

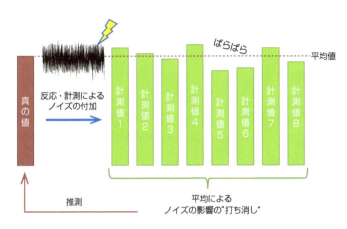

図 3-15 複数回計測値を平均することによる真の値の推測

真の値に加えられたばらつきは，平均することで理論上は打ち消される。このとき，測定回数が多いほど，真の値の推測の信頼性が増す。

　図3-15をみると，計測値ひとつひとつは，真の値から外れてばらついてしまっています。しかし，それらの平均をとることで，真の値に近い値を得ることができます。これは，ノイズが真の値よりもプラスだったり，マイナスだったりするために，それらを平均するとノイズの効果のみが打ち消されるためです。もちろん，このような方法を用いると必ず真の値が得られるわけではありません。しかし，真の値はわかりませんので，少しでも真の値が得られる確率をあげることが大事なのです[12]。このような理由があるため，心理学実験では，同じような試行を繰り返しおこないます（ノイズが完全にランダムの場合，ノイズの大きさは4回の繰り返しで1/2，9回の繰り返しで1/3，16回の繰り返しで1/4になります）。そのため，論文においては，試行を何回繰り返し，どのように代表値を算出したかを明確に記載しなくてはいけません。

3.6.2 刺激・環境を統制する

　心理学実験においては，何かを呈示（見せたり，聞かせたり）して，それに対する反応を観察・計測します。その際に，呈示するものの性質を独立変

---

[12] ノイズが反応に対して与える影響が小さいことがわかっている場合には，人の場合でも試行のくり返し回数を少なくすることができます。

数として操作することがあります。たとえば，赤い花を見せたときと，青い花を見せたときの反応の違いを観察する場合には，花の色が独立変数として操作されることになります。このとき，重要なことは，**独立変数以外の要素は統制されなければいけない，**ということです。すなわち，赤い花と青い花を見せたときの違いを知りたいのですから，2つの花において，ほかの要素（たとえば花の形）が異なっていたら，反応の違いはほかの要素に起因するものである可能性も出てきてしまいます。独立変数以外で，従属変数（反応の指標）に影響を与えうる要素を剰余変数とよびます。独立変数として設定した差がそのまま反応に反映されるように，邪魔な剰余変数の影響は何らかの方法で排除する必要があります。

図3-16 赤い花と青い花の比較

　心理学研究において，赤い花と青い花を比較するときには，花における「赤」と「青」の色の効果のみを検討したいはずである。色以外の要素が刺激間で異なっていれば，何が反応に影響したのかを区別できない。

　呈示するもの（刺激）において，剰余変数の統制の仕方はおもに2種類あります。まずは，**独立変数で操作した要素以外はまったく同じにする**という方法です。図3-16の花の例では，2つの花の色は違いますが，それ以外の要素もたくさん違います。今回は花の色の影響のみを検討したいため，この状況ではフェアな比較ができません。一方で，図3-17のように，花の色以外の要素をすべてそろえれば，「花の色の効果」を調べるためにふさわしい刺激となります。

3.6 実験統制方法1：ばらつきを排除する方法

図3-17 色以外の要素が統制された刺激

花の色以外の要素をすべて同じにすることではじめて，「花の色の効果」を検討することができる。

　このような統制は，実験参加者に提示する刺激だけではなく，実験にかかわる環境全体においても実施しなければいけません。たとえば，試行・実験ごとに，部屋の明るさや騒音，計測機器，実験者の教示，参加者の姿勢などが変わってしまったら，それらが参加者の反応に影響してしまうかもしれません。そのような影響を避けるために，同じにできるものはすべて同じにするべきです。

　しかしながら，すべての刺激・環境を同じに揃えることは現実的には不可能です。とくに呈示刺激に関しては，実験の制約として，同じものを繰り返し呈示できない場合も多くあります。このような場合は，比較したい刺激以外の部分をできるだけ**ランダム**にします。あえてランダムにすることによって，計測値を平均した際にはグループとしてのノイズの影響を減らすことができるのです。

　刺激統制の例として，言語刺激（単語）を使用する場合を考えてみましょう。言語にはさまざまな特性があります。代表的なものだと，出現頻度，親密度，形態的な複雑度，習得学年などです。これらの特性は，データベースとして論文や書籍などにまとめられています（図3-18）。このようなデータベースにもとづいて，ある単語グループとほかの単語グループに含まれる単語自体はそれぞれ異なったとしても，グループ全体の平均としてはさまざまな要素が同じになるようにします。どこまで"同じ"にできるかは刺激の性

質によりますが、最大限の努力をして、適切な刺激を作成しましょう。表3-1に、ある実験において統制した漢字刺激の例を示します[13]。刺激・環境の性質をどこまで統制するかは、研究の目的や実験の性質に依存します。ただし、多くの場合は先行研究を参考にすれば、ある程度の範囲を決定することができるでしょう。

図3-18 漢字の特性

1つの漢字について、さまざまな特性がある。これらの特性が著しく外れているものを刺激として使用することは適切ではない。

表3-1 ある実験における3つの漢字刺激セットの統制の例（平均値±SD）

セット	漢字親密度	漢字複雑価	配当学年（年）	反応時間（秒）	正答率（%）
A（22個）	5.4±0.7	4.6±0.7	4.0±1.2	3.8±2.2	58.8±19.8
B（22個）	5.5±0.6	4.5±0.6	4.0±1.2	3.9±1.8	59.1±23.2
C（22個）	5.4±0.8	4.5±0.6	4.2±1.6	3.9±2.2	61.0±21.6

3.6.3 呈示方法を統制する

刺激や条件を<u>呈示する順序</u>も、実験参加者の反応に大きく影響する要因であるため、統制しなければいけません。たとえば、実験が三つのブロックに分けられた場合、一人の参加者がおこなえるのは、1パターンの順序だけです[14]。特定の順序（たとえばA→B→C）を全員の参加者に適用してしまう

---

[13] Itaguchi et al. (2015)で使用した漢字（一文字）刺激です。データベースは（1）天野・近藤 (1999)、（2）賀集他 (1979)、（3）文部科学省学習指導要領 (2014) を使用し、さらに予備実験における反応時間と正答率も用いて、刺激セットを統制しました。1つの漢字刺激は一度きりしか呈示できない実験であったため、3つの条件に関して、3つの異なる刺激セット（A〜C）をそれぞれ割り振りました。

[14] 一人の参加者が何度も同じ実験をおこない、そのたびに異なる順序で条件を呈示されれば、順序の統制という点では問題ありません。ただし、長時間の実験参加による疲労や、くり返しの効果など、ほかの剰余変数が増えてしまう可能性があります。

と，偏った影響が出てしまうかもしれません[15]。そこで，順序を参加者間でランダム化あるいはバランス化（カウンターバランス）することによって，実験全体としては，特定の順序による影響が打ち消されるように配慮します。図3-19の実験条件のように，組みあわせが比較的少ない場合は，バランス化がおこなえますが，ブロック内の呈示刺激の種類などは組みあわせが多すぎるため，バランス化をするのは困難であり，かつ現実的ではありません。そのような際は，多くの場合で，ランダムな順序で呈示する方法を採用します。

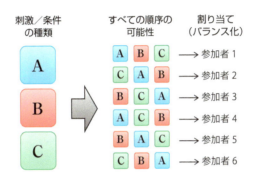

図3-19 順序の統制

刺激や条件が少ない場合は，すべての順序の可能性を実験参加者に割り振ることができる。それよりも多くなると，ラテン方格などの手法を使ってバランスをとることが多い。刺激や条件がもっと多い場合は，ランダム化するなどの工夫が必要である。

3.6.4 統計的仮説検定をもちいる

ばらつきを確率的に考え，その影響を除いたときの本来の影響を検討する方法を，統計的仮説検定といいます。統計的仮説検定は，これまで紹介してきた実験統制法と基本的には同様の考え方にもとづくものです。ただし，実験統制と大きく異なる点は，実験に関する物理的な操作をするのではなく，得られたデータを数学的に解析することによって剰余変数の影響を排除する点です。歴史的には，肥料Aと肥料Bのどちらのほうが作物の育成によい影響を与えるかを検討する目的のために，実験統制法や統計的仮説検定が生ま

---

[15] ある経験をする前に何かほかの経験をしていると，前者の経験が後者の経験に影響をおよぼすことはよくあります。慣れや疲れなどもこのような影響に含まれます。

れました（図3-20）。それを心理学者が借用し，長い時間をかけて発展させてきたのです[16]。現在でも心理学における統計的手法は変化を続けており，最近ではベイズ推定とよばれる手法を用いた統計的手法も多くみられるようになってきました。

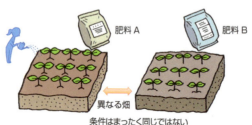

図3-20　統計学的実験手法の起源

研究において，実験統制が「できない部分」についてのばらつきを考慮して検討するために，数学的な考え方にもとづいて統計的仮説検定の手法が生まれた。

ここだけは理解しよう！

　実験において興味のある独立変数の影響を検討するためには，それ以外の剰余変数からの影響を排除しなくてはいけない。剰余変数を統制するには，くり返し測定を平均することによってノイズを打ち消す方法，独立変数以外の要素をまったく同じにする方法，剰余変数の特性を調べて積極的にバランス化・ランダム化する方法，そして統計的仮説検定などさまざまな方法がある。これらのどれかを選ぶというよりは，組みあわせて使用することが大切である。

---

[16] 詳しい統計的手法については，本書の姉妹編『ステップアップ心理学シリーズ　心理学統計入門　わかって使える検定法』を読んでください。

3.7　実験統制方法２：精神物理学的測定法

　前述の統制法に加えて，心理学演習では，精神物理学的測定法という手法も学びます。これは，心理学が科学として出発する以前の19世紀半ばに生まれた手法です。精神物理学を生み出したウェーバーやフェヒナーといった研究者は，人の感覚を物理学のように数式化することをめざしました。研究の結果，フェヒナーは刺激量と人の感覚量が対数関係にあることを導きだし，$S = k_{\log}I$ という数式で表しました。図3-21は，外界の物理量と感覚量の関係を，ウェーバー・フェヒナーの法則に従って示しています。たとえば，電球を徐々に明るくしていく場合，明るさが弱い場合には，少し明るくしただけでも，人は急激に明るくなったように感じます。一方で，すでにかなり明るくなっている場合には，それ以上明るさを強くしても，感覚的にはそれ以上強くなったとは感じにくくなります。この法則は，人の感覚が外的世界をそのまま反映しているわけではないことを示しており，さらにそれが数式として表現された点でも画期的でした[17]。このような研究は，その後の心理学研究で必要とされる，人の感覚を定量的に計測する技術の基礎となっています。

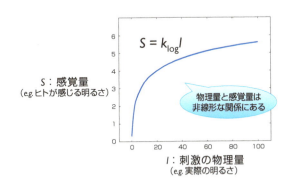

図3-21 ウェーバー・フェヒナーの法則

外界の物理量と，人が感じる感覚の大きさは線形な関係ではない。

17　ただし，現在ではこの法則はある一定範囲の刺激強度にのみ当てはまると考えられています。

3.7.1 閾値と等価値

知覚実験では，人の主観的な感覚量を客観的に測定することが求められます。この際に従属変数としてよくあつかわれるのが，閾値と等価値です。閾とは，刺激の物理量を変化させたときに，感覚が変化する"境"を意味しています。たとえば，刺激を感じるか感じないかという境（刺激閾）や，刺激の感覚量が同じか異なるかという境（弁別閾）があります。これらの閾値を条件間で比較することで，感覚の違いを量的に検討することができます。また，2つの刺激の物理特性（たとえば色や長さ）を主観的に等しいと感じるとき，一方の刺激はもう一方の刺激の主観的等価値点にあるといいます。

閾値や等価値を測定するうえで重要となるのが，心理測定関数（Psychometric function）[18]です。心理測定関数のグラフにおいては，縦軸に感覚量，横軸に物理量をとることが一般的です。心理物理曲線の例として，「はい」か「いいえ」という2つの選択肢に対する複数の回答を，確率的に示したものを図3-22に示します。たとえば，ごくわずかな時間のみ刺激を呈示して，それが見えたかどうかをたずねる課題を想定してください。このような強制選択課題を用いた場合，得られる反応はS字型の曲線にあてはまることが知られています。この曲線において，刺激が見えるか見えないかの境となる閾値は，「はい」と答える確率が50％（「いいえ」と答える確率

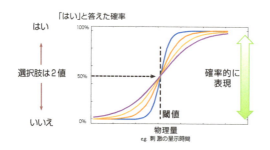

図3-22 強制選択課題における心理測定関数

ある刺激に対する判断が一貫する場合には，「はい」と答える確率が100％あるいは0％になる。色違いの線は，判断の精度が変化した際の曲線を示している。青線がもっとも精度の高い状態で，閾値の近くでも一貫した判断をみせている。一方で，紫線はもっとも精度の低い状態で，閾値から遠い刺激に対しても，なかなか一貫した判断ができていない。

---

18 心理測定関数は，心理物理関数，心理物理曲線などとよばれることもあります。

が50％）になる地点として表現することができます。このような手続きを用いると，実験参加者は「はい」か「いいえ」しか答えないのにもかかわらず，私たちの感覚的な特性を，客観的に比較可能な数値として表現することができるのです[19]。

3.7.2　3種類の測定方法

続いて，心理学実験でよく用いられる3つの測定法について紹介します。それぞれ，調整法，極限法，恒常法とよばれています。これらは，閾値や等価値を求めるための刺激の呈示方法を示しています。

まず，調整法から説明しましょう。この手法は，比較刺激が標準刺激と等しく感じるまで実験参加者が調整を繰り返す方法です。比較刺激とは比較する刺激，標準刺激とは比較される刺激をさします。たとえば，目標の色を呈示されて，その色とまったく同じ色を実験参加者自身で調整して再現する手法が調整法です（図3-23）。調整法は，主観的に同じだと思う刺激の物理量（主観的等価値）を測定することができます。2つの刺激を同じと判断する際には，「ぴったり同じ」にすることが求められ，細かな調整をおこなうことができます。この方法は，これから紹介する極限法や恒常法よりも，実験

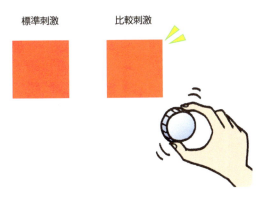

図3-23　調整法の例

実験参加者がつまみを回して色を調整する。このとき，回しすぎたら戻してもよい。参加者が同じだと感じるまで自由に調整できる点が調整法のメリットである。

19　曲線の傾きが緩やかである場合は，閾値から比較的離れても判断がうまくできていないことを示しています。逆に傾きが急な場合は，閾値付近では判断は困難だけれど，少し離れればうまく判断できていることになります。つまり，曲線の傾きは，判断の精度に関する指標になるということです。

参加者の主観をより直接的に反映する方法です。

次に，**極限法は比較刺激を一定方向に段階的に変化させる**ことにより，標準刺激と同じに感じられる刺激の物理量を測定する方法です。たとえば，おもりの重さを比較する課題を想定してみましょう（図3-24）。標準刺激は一定であり，比較刺激を少しずつ変化させていきます。2つのおもりの重さが明らかに異なると判断される地点から開始し，徐々に重く，あるいは軽くしていきます。2つのおもりの重さが同じ（あるいは逆転した）と判断されたときに，刺激の提示を終了します。このときの比較刺激の値が，標準刺激との主観的等価値になります。重いほうから始めて値を下げていく場合を下降系列，軽いほうから始めて値を上げていく場合を上昇系列とよびます。とくに理由がない場合には，上昇系列と下降系列は必ず両方おこない，それらの値を平均します（系列間でバランスをとります）。これは，一般的には，系列の上下によって標準刺激と「同じ」だと判断する比較刺激の値が大きく異なってしまうためです。極限法は，刺激の提示順序の影響を調べたい場合や，刺激の提示回数を少なくして主観的等価値を測定したい場合に使用されます。

最後に，**恒常法では，標準刺激に対して，異なる比較刺激をランダムな順番で提示して**心理測定関数を求める方法です。ランダムに刺激を提示することにより，極限法のような系列による影響を排除できます。すなわち，それ

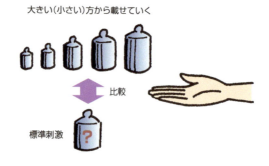

図3-24 極限法の例

比較刺激は，おもりの重さ順に提示していく。標準刺激は毎回同じものを使用する。系列の方向によって，「同じ」と判断する値が大きく異なる。これは，刺激が同じと感じられる範囲に幅があることなどが影響していると考えられる。

ぞれの判断の独立性が高くなります。ただし，適切な主観的等価値をみつけるためには，刺激を提示する回数を多くする必要があります。恒常法はそのような意味でもっとも大変な手法ですが，その分信頼性性が高く，心理学実験においてはもっとも一般的な方法です。

ここだけは理解しよう！

精神物理学は，人の感覚を定量的に計測する学問であり，心理学が発展していくうえでの大きな理論的・方法論的基礎となった。主観を二択で判断させることによって，感覚の変化を心理測定関数として表現することができる。刺激提示に関する方法としては，調整法，極限法，恒常法が代表的である。これらは，それぞれメリットが異なるため，実験の目的や制約に応じて適切な方法を選ぶ必要がある。

索引

■欧文

APA	9
Figure	38
Microsoft Excel	41
Microsoft Word	3
p値	91
Table	38
t検定	88
t値	90
χ^2検定	89

■あ

アブストラクト	10, 134
閾値	146
一文一義	117
因子構造	83
インデント	7, 58
引用	57, 61
引用文献	10, 73
エラーバー	39
演繹	127
折れ線グラフ	39

■か

改行	6
カイ二乗検定	89
カウンターバランス	86, 143
過去形	20, 21
箇条書き	8, 13
仮説	19, 45, 124, 127
仮説の検証	48
仮定	98, 124, 129
感覚量	145
観察語	125
キャプション	38
鏡映描写実験	96
教示文	32
極限法	147
クロス集計表	89
群	131
罫線	42
結果	10, 35, 114
結果のまとめ	86
結論	52
限界点	45, 50, 100
研究の背景	65
研究の目的	47
健全性	111
原著論文	67
検定結果	88
検定統計量	89
考察	10, 45, 95, 115
恒常法	147
誤差棒	39
個人差	85
コピー&ペースト	6
コンクルーディングセンテンス	112

■さ

サポーティングセンテンス	112
サマリー	134
参加者間要因	85
参加者内要因	85
散布図	39
刺激	21, 24, 82
字下げ	7
指示語	120
実験環境	84
実験参加者	23
実験状況	24
実験条件	27
執筆・投稿の手びき	3, 9
質問項目	83
質問紙（法）	22, 34, 83
従属変数	14, 19, 132
自由度	90
主観的等価値点	146
主張	106
出典	57
条件	131
剰余変数	51, 82, 140
書式	3
序論	10, 17
心的メカニズム	95
信頼性	83, 110
心理測定関数	146
図	38
水準	131
精神物理学的測定法	145
接続語句	117
先行研究	18, 45, 57, 65, 73, 92

前提	106
相関係数	90
相関分析	90
操作的定義	81
装置	24

● た・な

体言止め	8, 13, 30
タイトル	14
代表値	138
多重比較	89
タスクアナリシス	98
妥当性	83, 110
段落	7, 111
調整法	147
直接引用	71
データ解析	28
データ処理	28
データベース	68
手続き	27
等価値	146
統計検定	28
統計的仮説検定	36, 86, 143
同語反復	108
統制	24, 51, 82
独立変数	14, 19, 131
トピックセンテンス	112
トピック	113
ノイズ	138

● は

はじめに	10, 17, 113
パラグラフ	6, 111
パラグラフ・ライティング	111
バランス化	85, 143
比較刺激	147
批判	78
飛躍	108
表	38, 42
表紙	14
標準刺激	147
標準偏差	35, 86
剽窃	6, 22, 61
副題	15
物理量	145
付録	83
文献	58
文献リスト	58
分散分析	88

文章の形式	7
文中引用	57
平均値	35, 86, 138
ページの形式	4
棒グラフ	39
方法	10, 21, 114
ボンフェローニの方法	89

● ま

孫引き	72
まとめ	134
見出し	6, 10
命題	124
目的	10, 17
文字の形式	4
問題	10, 17, 113
問題提起	76, 92
問題点	45, 50, 100

● や

要旨	10, 134
要約	134
予測	19, 124, 126

● ら

ランダム化	85, 143
理論	98, 130
理論語	125
倫理指針	22, 29
倫理	137
レイアウト	10
レポート	ii
ローデータ	35, 88
論証	106
論文	ii

著者紹介

板口 典弘　博士（文学）
2013年　早稲田大学大学院文学研究科博士後期課程修了
現　在　慶應義塾大学文学部准教授

山本 健太郎　博士（心理学）
2013年　九州大学大学院人間環境学府博士後期課程修了
現　在　九州大学大学院人間環境学研究院准教授

NDC 140　159 p　21 cm

ステップアップ心理学シリーズ
心理学レポート・論文の書き方　演習課題から卒論まで

2017年 5 月30日　第 1 刷発行
2024年 7 月11日　第10刷発行

著　者　板口典弘・山本健太郎
発行者　森田浩章
発行所　株式会社 講談社
　　　　〒112-8001　東京都文京区音羽 2-12-21
　　　　　　販　売　(03)5395-4415
　　　　　　業　務　(03)5395-3615

KODANSHA

編　集　株式会社 講談社サイエンティフィク
　　　　代表　堀越俊一
　　　　〒162-0825　東京都新宿区神楽坂 2-14　ノービィビル
　　　　　　編　集　(03)3235-3701

印刷・製本　株式会社 KPSプロダクツ

落丁本・乱丁本は，購入書店名を明記のうえ，講談社業務宛にお送りください．送料小社負担にてお取替えいたします．なお，この本の内容についてのお問い合わせは，講談社サイエンティフィク宛にお願いいたします．定価はカバーに表示してあります．

© Yoshihiro Itaguchi and Kentaro Yamamoto, 2017

本書のコピー，スキャン，デジタル化等の無断複製は著作権法上での例外を除き禁じられています．本書を代行業者等の第三者に依頼してスキャンやデジタル化することはたとえ個人や家庭内の利用でも著作権法違反です．

JCOPY　〈(社)出版者著作権管理機構 委託出版物〉
複写される場合は，その都度事前に（社）出版者著作権管理機構（電話 03-5244-5088, FAX 03-5244-5089, e-mail: info@jcopy.or.jp）の許諾を得てください．

Printed in Japan
ISBN 978-4-06-154809-1